CHIAVENATO

Cartas a um
Jovem Administrador

O GEN | Grupo Editorial Nacional – maior plataforma editorial brasileira no segmento científico, técnico e profissional – publica conteúdos nas áreas de ciências sociais aplicadas, exatas, humanas, jurídicas e da saúde, além de prover serviços direcionados à educação continuada e à preparação para concursos.

As editoras que integram o GEN, das mais respeitadas no mercado editorial, construíram catálogos inigualáveis, com obras decisivas para a formação acadêmica e o aperfeiçoamento de várias gerações de profissionais e estudantes, tendo se tornado sinônimo de qualidade e seriedade.

A missão do GEN e dos núcleos de conteúdo que o compõem é prover a melhor informação científica e distribuí-la de maneira flexível e conveniente, a preços justos, gerando benefícios e servindo a autores, docentes, livreiros, funcionários, colaboradores e acionistas.

Nosso comportamento ético incondicional e nossa responsabilidade social e ambiental são reforçados pela natureza educacional de nossa atividade e dão sustentabilidade ao crescimento contínuo e à rentabilidade do grupo.

IDALBERTO
CHIAVENATO

Cartas a um
Jovem Administrador

Reflexões para um iniciante em administração

4ª edição

- O autor deste livro e a editora empenharam seus melhores esforços para assegurar que as informações e os procedimentos apresentados no texto estejam em acordo com os padrões aceitos à época da publicação, *e todos os dados foram atualizados pelo autor até a data de fechamento do livro*. Entretanto, tendo em conta a evolução das ciências, as atualizações legislativas, as mudanças regulamentares governamentais e o constante fluxo de novas informações sobre os temas que constam do livro, recomendamos enfaticamente que os leitores consultem sempre outras fontes fidedignas, de modo a se certificarem de que as informações contidas no texto estão corretas e de que não houve alterações nas recomendações ou na legislação regulamentadora.

- Data do fechamento do livro: 12/11/2021

- O autor e a editora se empenharam para citar adequadamente e dar o devido crédito a todos os detentores de direitos autorais de qualquer material utilizado neste livro, dispondo-se a possíveis acertos posteriores caso, inadvertida e involuntariamente, a identificação de algum deles tenha sido omitida.

- **Atendimento ao cliente: (11) 5080-0751 | faleconosco@grupogen.com.br**

- Direitos exclusivos para a língua portuguesa
Copyright © 2022 by
Editora Atlas Ltda.
Uma editora integrante do GEN | Grupo Editorial Nacional
Travessa do Ouvidor, 11
Rio de Janeiro – RJ – 20040-040
www.grupogen.com.br

    Reservados todos os direitos. É proibida a duplicação ou reprodução deste volume, no todo ou em parte, em quaisquer formas ou por quaisquer meios (eletrônico, mecânico, gravação, fotocópia, distribuição pela Internet ou outros), sem permissão, por escrito, da Editora Atlas Ltda.

- Capa: Bruno Sales
- Editoração eletrônica: Hera
- Ficha catalográfica

CIP-BRASIL. CATALOGAÇÃO NA PUBLICAÇÃO
SINDICATO NACIONAL DOS EDITORES DE LIVROS, RJ

C458c
4. ed.

    Chiavenato, Idalberto, 1936-
        Cartas a um jovem administrador : reflexões para um iniciante em administração / Idalberto Chiavenato. - 4. ed. - Barueri [SP] : Atlas, 2022.

    ISBN 978-65-5977-156-1

    1. Administração. 2. Pessoal - Treinamento. 3. Orientação profissional. I. Título.

Camila Donis Hartmann - Bibliotecária - CRB-7/6472

À Rita, minha querida e amada esposa.

Aos meus filhos, Luciana, Ricardo e Rinaldo.

Aos meus netos, Daniela, Camila, Lucas e Pedro.

À minha bisneta, Nicole.

Se vocês não existissem, eu rogaria a Deus para que os criasse.

Mas como vocês já foram criados, eu rogo a Deus para que vocês existam sempre, e que sempre sejam parte integrante de minha vida.

Parabéns!

Além da edição mais completa e atualizada do livro *Cartas a um Jovem Administrador*, agora você tem acesso à Sala de Aula Virtual do Prof. Idalberto Chiavenato.

Chiavenato Digital é a solução que você precisa para complementar seus estudos.

São diversos objetos educacionais, como vídeos do autor, mapas mentais, estudos de caso e muito mais!

Para acessar, basta seguir o passo a passo descrito na orelha deste livro.

Bons estudos!

Confira o vídeo de apresentação da plataforma pelo autor.

uqr.to/hs6d

Sempre que o ícone aparece, há um conteúdo disponível na Sala de Aula Virtual.

CHIAVENÁRIO
Glossário interativo com as principais terminologias utilizadas pelo autor.

PARA REFLEXÃO
Situações e temas controversos são apresentados para promover a reflexão.

VÍDEOS
Vídeos esclarecedores e complementares aos conteúdos da obra são apresentados pelo autor.

SAIBA MAIS
Conteúdos complementares colaboram para aprofundar o conhecimento.

SOBRE O AUTOR

Idalberto Chiavenato é Doutor e Mestre em Administração pela City University Los Angeles (Califórnia, EUA), especialista em Administração de Empresas pela Escola de Administração de Empresas de São Paulo da Fundação Getulio Vargas (FGV EAESP), graduado em Filosofia e Pedagogia, com especialização em Psicologia Educacional, pela Universidade de São Paulo (USP), e em Direito pela Universidade Presbiteriana Mackenzie.

Professor honorário de várias universidades do exterior e renomado palestrante ao redor do mundo, foi professor da FGV EAESP. Fundador e presidente do Instituto Chiavenato e membro vitalício da Academia Brasileira de Ciências da Administração. Conselheiro e vice-presidente de Assuntos Acadêmicos do Conselho Regional de Administração de São Paulo (CRA-SP).

Autor de 48 livros nas áreas de Administração, Recursos Humanos, Estratégia Organizacional e Comportamento Organizacional publicados no Brasil e no exterior. Recebeu três títulos de *Doutor Honoris Causa* por universidades latino-americanas e a Comenda de Recursos Humanos pela ABRH-Nacional.

PREFÁCIO

Estas cartas a um jovem administrador representam uma tentativa de ajudar e de incentivar companheiros de trabalho que se iniciam em nossa profissão. Trata-se de uma espécie de norma de boa conduta em uma área de atuação cuja responsabilidade financeira, social e ecológica se avulta cada vez mais nos novos tempos. Administrar, hoje, é uma espécie de graça divina de um lado e, do outro, uma carga que faria Hércules, o herói da mitologia grega dos doze pesados desafios a que se submeteu, estremecer. De fato, pensei em fazer uma variação de *mentoring* a longa distância por meio do velho "bico da pena" – minha maior arma – ou do teclado de um computador ou *tablet*. Quero aproveitar a experiência que tive para dar alguns conselhos a quem se inicia na atividade da Administração. Se esses conselhos forem úteis, tenham a certeza de que ficarei extremamente gratificado por alcançar meu objetivo: compartilhar algumas reflexões sobre a moderna Administração e o seu importante papel como futuro administrador.

Na verdade, são cartas simples e sem nenhuma pretensão didática ou teórica. Nada melhor do que conversar de vez em quando sem nenhum compromisso ou objetivo declarado e sem a costumeira autocrítica quando se tem um livro com estrutura definida e conteúdo programado a ser publicado no mercado. Contudo, estas cartas têm um alvo explícito: mostrar aos jovens administradores a riqueza da nossa profissão, ampliar os horizontes de atuação profissional, ajudar a impulsionar sua carreira, incentivar a visão estratégica e direcionar o foco para objetivos e resultados, ampliando um pouco mais o que se costuma aprender na universidade quando se cursa Administração.

Ponha sempre seus objetivos no longo prazo, e não apenas no curto prazo, pois é para lá que sua vida vai avançar. Esteja sempre com seus faróis altos ligados quando fizer grandes percursos e em alta velocidade, porém, utilize os faróis baixos quando o caminho se torna mais apertado, difícil ou desafiante. Não podemos nos esquecer de que vivemos em um mundo de negócios dinâmico, mutável, instável, imprevisível e em constante transformação. Na academia, lemos, estudamos, discutimos e mergulhamos em pesquisas, estudos, análises e provas. Afinal, boa parte dos estudantes tem como único compromisso na vida terminar aquela faculdade que está cursando. Entretanto, quando ingressamos no mercado, diminuímos o ritmo de estudo e alguns de nós raramente pegam num livro. Entendemos que, às vezes, a rotina do trabalho é puxada e até chegamos a pensar sobre a importância de continuar estudando – quando tudo lá fora muda incessantemente – mesmo depois que estamos no mercado. E não me refiro aqui ao estudo formal em uma instituição de ensino, mas ao ato de aprender sempre e buscar incessantemente conhecimentos novos e atualizados.

Quando o estudante termina seu curso, o mundo já mudou e tudo o que estudou ficou defasado. Assim, o curso de Administração não deveria ser o fim, o alvo ou a meta do estudante, mas o prelúdio de sua carreira profissional. O compromisso deveria estar no futuro, e não apenas no presente ou no curtíssimo prazo. O sonho deveria ser o futuro alcance de uma posição estratégica em uma organização, e não qualquer papel intermediário no meio do campo; construir um empreendimento próprio para criar e oferecer uma proposta de valor ao mercado; ou, ainda, preparar-se para uma carreira no magistério superior ou em uma consultoria organizacional. Além disso, o curso deveria ser uma preparação para aquilo que denominamos aprendizagem no decorrer de toda a vida, já que nossa profissão muda intensamente a cada momento. É preciso reinventar-se, estudar e atualizar-se o tempo todo para se manter altamente competitivo e sustentável na profissão. Isso significa aprender sempre e cada vez mais em todas as oportunidades possíveis durante toda a vida. Esse é o custo de ser administrador, uma profissão orientada para metas, objetivos, resultados e o futuro. Em outras palavras, do fazer acontecer.

O fato é que a Administração é uma ciência social e um fenômeno caracteristicamente organizacional fundamentado em temas como cooperação e solidariedade, envolvendo não apenas a organização em si, mas uma verdadeira plataforma de satélites ao seu redor que lhe oferecem, de um lado, insumos como entradas e, de outro, saídas para entregar seus produtos ou serviços à sociedade. Isso envolve uma complexa rede de outras organizações em um incrível dinamismo que gera mais do que uma simples cadeia de valor, mas uma verdadeira constelação de valor e de riqueza a ser entregue à sociedade.

Fico feliz em colaborar com meus livros e artigos para o sucesso profissional do administrador e proporcionar conhecimento e conceitos inovadores a todos os meus atuais e futuros colegas de Administração.

Adm. Idalberto Chiavenato

SUMÁRIO

CARTA 1
Administrar é, antes de tudo, uma arte, 1

CARTA 2
Faça da Administração uma arte que produz resultados, 13

CARTA 3
Por que escolher a Administração?, 25

CARTA 4
Quem será seu cliente?, 39

CARTA 5
Os grandes pulos da vida, 47

CARTA 6
A "caixa de ferramentas" do administrador, 63

CARTA 7
Seja um estrategista, e não um simples operador, 71

CARTA 8
Ah, a liderança!, 77

CARTA 9
Por que me encantou a Administração?, 89

CARTA 1
Administrar é, antes de tudo, uma arte

Caro jovem administrador,

Todo administrador é sempre um tomador de decisões frente a várias alternativas de cursos de ação que se apresentam a todo momento. Você já tomou sua decisão quanto ao seu futuro profissional. Agora que escolheu a profissão de administrador, você praticamente já predeterminou a rota ou o caminho que deverá inexoravelmente conduzi-lo a uma série de desafios profissionais e a várias oportunidades de carreira que surgirão pela frente. Os principais desafios estão na complexidade da profissão escolhida, enquanto as oportunidades estão na amplitude e na abrangência da Administração. Um mundo maravilhoso está aberto para você. Procure aproveitá-lo em toda a sua extensão.

Administrar é uma atividade que não depende de um receituário prévio. Não se trata de fazer uma simples listagem de tarefas ou atividades a serem executadas. Administrar depende de uma leitura prévia da realidade de cada organização, empresa ou empreendimento/unidade organizacional e da sua correta interpretação. Para tanto, você precisa desenvolver a capacidade de diagnóstico para saber antecipadamente o que deverá fazer após conhecer a situação, identificar o contexto, analisar os problemas existentes, localizar os gargalos e as restrições, mapear as oportunidades e as ameaças, verificar os pontos de apoio, definir as mudanças necessárias, estimar as forças positivas de sustentação e as forças negativas de antagonismo e resistência.

PARA REFLEXÃO

O médico e o administrador

Veja o médico em uma situação profissional quando atende um paciente individual. O primeiro passo para qualquer consulta ou tratamento médico é o diagnóstico. O médico faz previamente a anamnese do paciente que o procura para buscar e colher dados e informações a seu respeito, fazer sondagens, solicitar exames de laboratório variados para poder ter uma avaliação ampla e profunda da situação do paciente.

Com tais informações em mãos, o médico tem condições de definir um diagnóstico preliminar: qual é o problema, mal, carência, disfunção, doença ou necessidade do paciente. Em função desse diagnóstico, o médico arquiteta uma terapêutica adequada para remover o problema, o que significa basicamente conhecer o terreno e aplicar a solução mais adequada. A terapêutica médica é sempre uma decorrência do diagnóstico. Na sequência podem surgir várias alternativas possíveis.

Se a terapêutica for correta com relação ao diagnóstico, ela pode resolver o problema que aflige o paciente. Nesse caso, o médico foi bem-sucedido e o paciente obteve êxito no tratamento. Se a terapêutica não for correta, o médico deve alterá-la até conseguir os meios para eliminar o problema. Contudo, também pode ocorrer de o diagnóstico ser falho em algum aspecto e não condizer com a realidade dos fatos.

Nessa situação, a terapêutica não funcionará e o problema do paciente continuará a atormentá-lo. Ou seja, um novo diagnóstico deverá ser feito. Enquanto o médico interage com o paciente, o administrador interage com uma organização ou empresa – ou parte dela, como uma unidade de negócio, um departamento ou uma divisão. Da mesma forma, também em Administração se deve fazer um diagnóstico da situação para averiguar qual é a ação mais apropriada.

Na verdade, trata-se de primeiramente conhecer bem o terreno por onde você deverá caminhar e não se deixar envolver por atalhos aparentemente razoáveis e tentadores, mas perigosos ou inúteis. É por essa razão que as escolas de Administração utilizam amplamente o método do caso para aprender a apreender a essência do problema ou da situação em cada exercício. Diagnosticar situações, problemas, restrições ou necessidades é sempre o passo inicial do administrador antes de pensar na decisão ou na ação apropriada. Saber ver e ouvir para poder refletir e planejar, ter olhos e ouvidos cada vez mais atentos para receber informação relevante e, se possível, raciocínio rápido e acelerado. Tempo é dinheiro quando se trata de uma empresa. Por isso, esteja sempre conectado àquilo que acontece ao seu redor. Prepare-se para situações inesperadas, vagas, ambíguas ou imprecisas e que requerem soluções prontas, rápidas e ágeis. Elas fatalmente surgirão antes mesmo que você as espere. Então, "seja rápido no gatilho". Use sempre a cabeça, a imaginação, o conhecimento e até mesmo a intuição, quando necessário. Esse será seu desafio principal. Procure acertar na mosca.

Em Administração, não existem duas situações exatamente iguais nem soluções iguais. Tudo muda. Cada situação – cada organização, cada empresa, cada empreendimento, cada unidade organizacional, cada operação ou atividade – é sempre diferente e requer uma abordagem específica e apropriada. O administrador precisa ter uma acuidade sensorial muito aguçada: olhos e ouvidos bem abertos para interpretar e discernir palavras, comportamentos, atitudes e emoções. Tudo isso deve ser levado em conta na apreciação do entorno e da realidade. Apenas tome cuidado. O ser humano costuma ver e interpretar o mundo real não como ele realmente é, mas como cada pessoa o vê, percebe e interpreta. Somos possuidores de poderosos filtros inconscientes para fazer tal apreciação que são construídos e reconstruídos a partir de nossas experiências anteriores, sucessos e fracassos, prêmios e castigos. Somos sujeitos a preconceitos, estereótipos, vieses e pressuposições que podem alterar a maneira correta de ver e perceber a realidade. Assim, você precisa ser objetivo e imparcial. Imparcialidade e objetividade são fundamentais para uma apreciação correta, mas, acima de tudo, você precisa ler nas entrelinhas, enxergar aquilo que os outros nem percebem, visualizar filigranas e, em vez de ver somente problemas ou carências, mirar as oportunidades que surgem constantemente. Essas oportunidades não avisam quando chegam e quase sempre fogem rapidamente. Não apitam na curva nem dão sinais de sua chegada; são fugidias e nem sempre retornam. O gaúcho costuma dizer sabiamente que "cavalo encilhado não volta outra vez". O empreendedor sagaz é aquele que está sempre pronto para distinguir as oportunidades entre as ameaças e, rapidamente, conseguir transformá-las em resultados concretos. Em outras palavras, transformar um limão em uma boa limonada.

Por outro lado, não se esqueça de que somos humanos. Em seu trabalho, você terá de lidar com pessoas, em todos os níveis e em todas as situações. Trate-as muito bem, pois você sempre precisará delas. Existem fatos ou situações que passam ao largo de nossas percepções, embora estejam frente a frente aos nossos olhos e ouvidos. É que nossa percepção é altamente seletiva; nem tudo o que acontece à nossa frente é claramente percebido. Nossa percepção apenas nos mostra parte do que ocorre na realidade, ou seja, aquilo que é relevante para nosso comportamento. É claro que jamais teríamos condições de perceber todas as ocorrências em nossa realidade diante de nossas limitações pessoais. Afinal, não somos perfeitos. Nossa aparelhagem sensorial ainda é a mesma desde quando vivíamos nas cavernas e lutávamos de igual para igual com os outros animais para garantir sobrevivência em um mundo hostil em priscas eras. Nos milênios seguintes, nada foi acrescentado à nossa estrutura física, nervosa, orgânica, fisiológica, sensorial ou cognitiva. Assim, quando você anda pela rua – a pé, de bicicleta, de moto, de ônibus ou de automóvel – não se dá conta de tudo o que ocorre ao seu redor. Pessoas, carros, ruídos, animais nem sempre chamam nossa atenção. Além disso, quanto maior a pressa ou urgência, tanto menor o grau de percepção do entorno. Na empresa acontece o mesmo.

O segredo está em cultivar a atenção e a memória daquilo que ocorre no cotidiano para fazer relações entre fatos aparentemente desconexos. Procure guardar na lembrança fatos que outros podem esquecer rapidamente.

Outro aspecto importante é que temos uma tendência muito forte a não aceitar aquilo que não confere com nossas pressuposições e a aceitar apenas aquilo que é consonante e coerente com nossas crenças e expectativas. Assim, costumamos não acreditar ou resistir a crer em assuntos que são disparadamente contra aquilo em que depositamos nossas mais profundas convicções. São os nossos paradigmas pessoais: nossa maneira pessoal e individual de ver e perceber o mundo real. Mudar paradigmas pessoais e dos componentes de nossa equipe não é nada fácil e representa uma empreitada que pode levar muito tempo. Alguns paradigmas renitentes tendem a se transformar em resistência a mudanças que são indispensáveis para a empresa. Muitas vezes, a mudança planejada não acontece por absoluta falta de vontade das pessoas em transformá-la em realidade, pois elas podem pensar de maneira diferente e discrepante sobre aquilo que o administrador pretende fazer. Podem até pensar que a mudança agirá contra os seus interesses individuais e, assim, agem contrariamente aos desígnios do administrador, seja de maneira consciente ou inconsciente, aberta ou velada, pacífica ou violentamente. Você enfrentará isso com certa frequência, toda vez que quiser fazer uma mudança organizacional importante. O segredo está na comunicação e na transparência com que você trata as coisas, as situações e as pessoas.

A maneira de comunicar, de transmitir ideias, de definir conceitos, de focalizar objetivos a alcançar, de fazer a cabeça das pessoas é de suma importância para o administrador. As pesquisas mostram que 60% a 80% do tempo do administrador – que varia conforme o nível hierárquico ocupado e a tarefa da organização – é aplicado em comunicação: receber e transmitir informação por uma infinidade de meios com uma infinidade de plateias. A mídia varia intensamente: conversas, trocas de ideias, perguntas e respostas, reuniões, contatos formais e informais, relatórios, telefonemas, *e-mails*, *sites*, internet, intranet, *newsletters*, visitas ao local de trabalho, cafés matinais, almoços ou jantares de trabalho, visitas a outras empresas, entre outras ferramentas. Tudo tem seu valor.

Em geral, a comunicação deve ser multimídia, ou seja, deve compor uma variedade enorme de meios de comunicação que se completam mutuamente, envolvendo o transmitir e, sobretudo, o ouvir. A plateia também varia: colaboradores, supervisores, gerentes, diretores, clientes, fornecedores, investidores, acionistas, visitantes externos, órgãos governamentais, sindicatos, entidades locais, demais *stakeholders* etc. O administrador deve envolver tudo e todos em sua atividade e, ao mesmo tempo, prestar contas do que faz a todos que o cercam, além de, principalmente, entregar resultados. E tudo tem seu objetivo. Comunicar-se bem significa a base de sustentação da moderna Administração. É a comunicação que torna a empresa um sistema integrado, conectado, sólido, alinhado, convergente e holístico capaz de trabalhar em conjunto e produzir resultados magníficos. Por incrível que pareça, a comunicação constitui o principal elo do administrador com seu mundo de trabalho, mas é aí que nos lembramos da arte de administrar. Esta começa necessariamente com a arte de se comunicar. Comunicar-se bem nada mais é do que transmitir claramente o essencial para que as pessoas compreendam o significado do conteúdo da comunicação, e, a partir daí, para que saibam exatamente o que, como, quando, onde e por que fazer as coisas que precisam ser feitas. As pessoas precisam ter uma noção clara e precisa daquilo que fazem. A comunicação deve estar mais focada na compreensão do seu significado e propósito pelas pessoas do que no conteúdo de sua transmissão. Se não houver compreensão do significado ou propósito por parte dos destinatários, não há comunicação. Isso também vale para você.

A comunicação é um fenômeno de duas vias: ela vai de você para os outros e dos outros para você. Você também precisa compreender o significado da comunicação que lhe é entregue pelos outros. Precisa saber ouvir, e ouvir bem, além de interpretar adequadamente o que recebeu.

Você deve dar tempo às pessoas para que lhe comuniquem aquilo que elas pretendem dizer, assim como precisa também saber ler tudo o que lhe passa pela frente, como livros, relatórios, memorandos, *e-mails*, comunicações internas etc. Mais do que isso: entender bem sua leitura e saber explicar aos outros aquilo que leu. Por isso, não tenha escrúpulos quanto à redundância: repita sempre conceitos e ideias às pessoas envolvidas, mesmo que já os tenha transmitido a elas em alguma outra ocasião. Seja um líder: não simplesmente um líder interativo e de puro relacionamento com as pessoas que integram sua equipe, mas um líder renovador e transformador, aquele que muda e transforma a cabeça das pessoas para melhor, no sentido de educá-las, melhorar suas cognições, aumentar seu aprendizado e construir e ampliar suas competências. Seja um educador no sentido mais amplo da palavra, pois é assim que se constrói uma empresa: transformando pessoas em talentos e transformando talentos em verdadeiro capital humano que vale uma fortuna no mercado acionário. Tenha certeza de que, dessa maneira, os recursos empresariais serão mais bem aplicados e o retorno do investimento virá mais depressa do que você pode imaginar.

Todavia, não basta comunicar, caro jovem administrador. É preciso também motivar as pessoas. Elas precisam ser elogiadas, estimuladas, acariciadas, reconhecidas, impulsionadas, recompensadas e alavancadas. É assim que as pessoas precisam ser tratadas: com toda consideração e respeito possível, como se fossem seus clientes preferidos. Lembre-se de que sua equipe é seu principal instrumento de trabalho. Sem ela, você "ficará às moscas" e não apresentará resultado algum de seu trabalho. Aliás, seu trabalho é lidar com sua equipe para que ela gere valor, alcance objetivos e produza resultados. Se não souber fazer isso, você precisará voltar aos bancos escolares para aprender tudo novamente. Afinal, quantas horas você se dedicou a exercitar sua capacidade de liderar e motivar as pessoas? A Administração é uma ciência social aplicada, e você precisa saber liderar e motivar as pessoas, impulsioná-las rumo aos resultados pretendidos. É uma questão básica de competência gerencial.

Você pode pensar em oferecer motivações financeiras como prêmios, bônus, participação nos resultados alcançados, aumentos salariais, presentes, viagens que incluam familiares etc., todos estes são estímulos financeiros ou monetários. Claro, tudo isso vale muito para as pessoas, e elas desejam bastante isso. Contudo, existem motivações não financeiras importantíssimas que não custam nada para sua empresa nem para você, as que também impulsionam as pessoas. Tapinhas nas costas podem ajudar muito para levantar o moral do pessoal, quando sinceros e acolhedores.

O reconhecimento vale ainda mais quando é público, notório, social e diante de todos. Amizade desinteressada, compreensão das dificuldades alheias, saber ouvir as pessoas, pedir sugestões, compartilhar as facilidades e as dificuldades inerentes ao trabalho, solicitar a elas ajuda quando necessário ou ajudá-las no que for preciso, interagir mais fortemente, ser amigo delas, estar presente nas dificuldades, evitar diferenças, lembrar do seu aniversário e da sua família, transmitir alegria e satisfação. Tudo isso importa, e muito. Criar um clima gostoso, uma atmosfera envolvente e agradável em que as pessoas se sentem bem e que possam bater papo no trabalho e se divertir à vontade. É tudo isso – e mais alguma coisa – que torna muitas empresas o melhor lugar para se trabalhar. E você, administrador, tem muito a ver com isso. Afinal, cada empresa tem a cara e a alma do seu administrador. Não se esqueça disso.

Entretanto, não basta liderar, comunicar e motivar. É preciso fazer algo mais, que os norte-americanos dão o nome de *empowerment*. Significa empoderar, dar força, liberdade, autonomia, descentralizar decisões, poder ou fortalecer as pessoas e as equipes. De maneira genérica, o *empowerment* pode ser visto sob cinco facetas.

A primeira delas é dar importância e dignidade às pessoas e fazê-las sentir-se valiosas, capacitadas, necessárias, respeitadas, importantes, fortalecidas, benquistas, aceitas e imprescindíveis. Isso tudo depende de cada administrador e do seu relacionamento com as pessoas de sua equipe.

A segunda faceta do *empowerment* está na orientação das pessoas. Não se trata de mandar ou comandar e exigir obediência delas; trata-se, sim, de orientar e obter colaboração e cooperação espontâneas. A obediência cega às ordens é um comportamento passivo e reativo das pessoas. A orientação leva a um comportamento ativo e proativo das pessoas. O bom administrador não se alicerça no poder absoluto de sua posição hierárquica como antigamente se fazia, mas na colaboração que vem livremente das pessoas. Ele precisa conquistar as pessoas, e não mais coagi-las a obedecer.

A terceira faceta do *empowerment* está no desenvolvimento continuado das pessoas. O *empowerment* pretende transformar pessoas em talentos, e isso é incumbência direta, inalienável, indelegável, específica do administrador como sua principal responsabilidade de linha. Isso se faz melhor quando se trabalha em equipe. A atividade conjunta permite que um só participante devidamente treinado e orientado possa ser o multiplicador de conhecimentos, habilidades, atitudes e competências dentro da equipe. Além do mais, a troca de experiências bem-sucedidas ou malsucedidas, o intercâmbio de ideias e sugestões, a tomada de decisão por meio de consenso ou discussão interna ajudam a equipe a aumentar gradativamente sua capacidade de trabalhar em conjunto e alcançar níveis de desempenho e de satisfação incríveis. A intenção é capacitar, desenvolver capacidades, incrementar a eficácia da atividade grupal, aumentar o nível de excelência por intermédio do aprendizado contínuo.

A quarta faceta do *empowerment* está na definição de objetivos consensuais para a equipe. Quando uma equipe passa a definir e focalizar objetivos comuns, ela começa a incrementar o comportamento grupal e a atitude coletiva de colocar tais objetivos acima dos objetivos individuais. Veja a Copa do Mundo, por exemplo. Nunca se viu tantas bandeiras do país por todos os lados como defesa de um interesse comum e reforço de torcida coletiva. Tente fazer o mesmo com sua equipe. Defina com ela os rumos e os objetivos principais que em conjunto deverão ser alcançados e veja o que acontecerá. Reforce continuamente tais objetivos, avalie cotidianamente os progressos alcançados, discuta com a equipe como corrigir possíveis falhas ou atrasos, efetuar alterações, obter sugestões, incentivar esforços, reconhecer o bom desempenho e premiar o mérito. Meritocracia é importante.

Por fim, a quinta faceta do *empowerment* está na liderança do administrador. Aqui, seu papel, meu caro jovem administrador, é fundamental. Você precisa saber conduzir tudo isso da melhor maneira possível por meio de uma liderança visionária, impulsionadora e inspiradora. Visionária, pois você precisa ter uma visão de futuro de seu trabalho por intermédio da sua equipe: transformá-la na melhor equipe da sua empresa. Impulsionadora, já que você deixa de segurar sua equipe por meio de controles absurdos para empurrá-la para frente e dinamizá-la. Inspiradora, pois você passa a orientar sua equipe no sentido de dar-lhe a inspiração necessária para imaginar, engendrar, criar, tentar, arriscar, errar, errar, errar, corrigir, aprender continuamente, mudar, inovar, até acertar, acertar, acertar. É aqui que a equipe começa a deslanchar e ninguém mais irá segurá-la ou impedi-la de realizar, ultrapassar metas, alcançar objetivos, oferecer resultados eloquentes. Isso é uma arte. E você passa a ser o artífice dessa maravilhosa construção. Essa tarefa não se faz apenas em segundos, dias ou meses; é a concretização de um longo e gratificante trabalho: transformar as pessoas de sua equipe em verdadeiros talentos e sua equipe em uma poderosa oficina de criatividade, engenhosidade, inovação e resultados. Além disso, criar futuros líderes que possam substituí-lo à medida que subir na hierarquia. Discurso bonito? Não, uma missão imprescindível para o seu sucesso profissional e o da sua empresa. Será isso que o levará a um futuro profissional capaz de dar inveja a todos.

Por todas essas razões, meu caro e jovem administrador, a Administração deixa de ser uma ciência ou uma tecnologia para se transformar em uma arte: a arte de fazer com que as pessoas aprendam cada vez mais a agregar valor e a apresentar resultados. De maneira elegante, graciosa, bonita e virtuosa. Faça da Administração sua arte. Torne-se verdadeiramente virtuoso nessa maravilhosa maneira de fazer as coisas acontecerem por intermédio das pessoas, as empresas se desenvolverem e a qualidade de vida da sociedade melhorar a cada dia. Isso é algo que só as organizações bem-administradas conseguem fazer.

Adm. Idalberto Chiavenato

ACESSE A SALA DE AULA VIRTUAL CHIAVENATO DIGITAL PARA OBTER CONTEÚDOS COMPLEMENTARES E APROFUNDAR AINDA MAIS SEU CONHECIMENTO NO UNIVERSO DA ADMINISTRAÇÃO.

CARTA 2
Faça da Administração uma arte que produz resultados

Caro jovem administrador,

Você sabe que a Grécia Antiga teve vários filósofos que ajudaram a construir a nossa sabedoria ocidental. Sócrates costumava discutir com seus discípulos utilizando exemplos comuns e prosaicos para tratar de elevados assuntos morais, espirituais e humanos. Foi assim que nasceu a Filosofia. Jesus se valia de parábolas simples e cotidianas para explicar certos preceitos de conduta, respeito mútuo, amor e divindade. Foi assim que nasceu uma religião. Muitas vezes, nos enterramos até a cabeça em temas profundos e complexos e nos perdemos neles, esquecendo que eles podem ser visualizados de uma maneira mais simples ou mesmo simplória, embora não necessariamente reducionista. Alguns exemplos tirados do mundo real podem ajudar a entender alguns aspectos da Administração como uma arte e como ela pode produzir resultados incríveis.

Como exemplo, vamos falar um pouco sobre música erudita. Toda sinfonia, por melhor que seja, necessita de uma orquestra inteira para tocá-la em sua plenitude. Se apenas um naipe de instrumentos funciona e as demais partes deixam de funcionar, os sons emitidos não fazem sentido. E se, por exemplo, as flautas se antecipam aos demais instrumentos ou se os violinos estão desafinados entre si, o resultado sonoro resulta decepcionante. É a totalidade da orquestra como um conjunto integrado e coeso que dá o tom. O som é emitido conjuntamente por todos os integrantes, e todos os músicos executantes precisam tocar seus diferentes instrumentos dentro do ritmo, da harmonia e da intensidade corretos, cada qual em seu papel e de acordo com sua participação no conjunto. Cada integrante é um virtuose em seu instrumento específico que tem determinado som e desempenha determinado papel, determinadas partes ou momentos da sinfonia. Por sua vez, o maestro não emite sons, ele toca, absolutamente, nenhum instrumento. Aparentemente, o maestro não devia fazer falta em uma sinfonia, pois seu papel não é audível. Contudo, ele agrega um valor inestimável. O principal papel do maestro não aparece para ninguém, pois está nos bastidores: ele deve cuidar dos infindáveis ensaios da orquestra, ensinar os músicos, explicar, comunicar, orientar, exercitar, repetir, ajudar a encontrar o desempenho ideal, treinar individualmente, depois, em pequenos grupos, voltar a repetir, treinar o conjunto integralmente, retreinar, cuidar das nuances e dos detalhes, inspirar, buscar a harmonia ideal e o desempenho integrado, encontrar e afinar o som magistral – até chegar à perfeição. Para cada minuto de desempenho, a orquestra passa por horas e horas de ensaio duro, intensivo, severo e disciplinado. E uma sinfonia é um monumento sonoro, uma peça feita para os ouvidos no sentido de elevar e encantar a alma das pessoas. Porém, o interessante é que o público a que ela se destina, isto é, as pessoas que ouvem a sinfonia, preferem, no final da audição, aplaudir o maestro, e não os integrantes da orquestra que tocaram a música. E, quando termina a execução, o maestro apresenta ao público os principais expoentes da orquestra, que, então, apresentam e enfatizam os demais colegas. Assim, o virtuosismo de todos os músicos é plenamente reconhecido e premiado. Isso é meritocracia. O trabalho em conjunto é reforçado continuamente. O maestro é o condutor, o treinador, o preparador, o orientador, o aglutinador, o líder, o inspirador, o impulsionador, o *coach*, o mentor. Seu local de trabalho está colocado em um pódio acima de todos os músicos para que todos o vejam e possam receber seus sinais e comandos.

O maestro se comunica com uma batuta na mão, sinal de sua autoridade, e trata todos os figurantes como uma grande equipe de trabalho. Ele não pode ter alguns figurantes ótimos e outros medíocres sob pena de desbalancear a orquestra e desfigurar o conjunto. Todos os executantes devem ser simplesmente excelentes. Entretanto, perceba que o maestro não dirige instrumentos; estes são inertes e sem vida, não se tocam por si mesmos. O maestro não lida com instrumentos, mas com as pessoas que os tocam. No fundo, uma orquestra não é apenas um conjunto de instrumentos, mas um conjunto integrado de instrumentistas que os tocam com virtuosidade.

Esse exemplo ajuda a explicar seu papel, caro jovem administrador, em uma organização ou empresa. O administrador precisa trabalhar da mesma maneira que um maestro. Troque a orquestra pela sua empresa, a sinfonia pelos objetivos a alcançar, os instrumentos pelos recursos necessários, os instrumentistas pelas pessoas que formam sua equipe, os ensaios por treinamento e aprendizado, e a virtuosidade pela excelência. Bateu? É preciso dizer mais alguma coisa a respeito?

No entanto, antes do maestro existe o compositor, aquele que cria e compõe a sinfonia e constrói toda a sua orquestração. É a inspiração que alimenta a mente do compositor e o supre de todos os elementos para imaginar e compor uma obra. Inspiração e imaginação juntas. Enquanto a composição é pura inspiração, a orquestração é uma complicada construção. A composição define a melodia, a harmonia, o acompanhamento e o ritmo. A orquestração, por sua vez, define como a composição será tocada. Ela representa a maneira como os vários instrumentos da orquestra irão emitir as ondas sonoras, tocar a melodia, a harmonia e o acompanhamento no ritmo e na cadência que o compositor imaginou. Ou seja, indica o papel dos vários instrumentos e sua respectiva participação no conjunto. E a orquestração precisa ser desdobrada em partituras para cada instrumento. O maestro fica com o diagrama da orquestração total, cada chefe de instrumentistas fica com a partitura de seu naipe ou grupo, enquanto cada instrumentista tem à frente sua partitura individual. Agora, troque a orquestração pelo planejamento estratégico, tático e operacional em uma empresa. Preciso repetir algo mais? Isso talvez o faça entender as razões pelas quais troquei a música e a regência pela Administração. Faz sentido? Pense nisso. Maestro e compositor podem ser dois exemplos típicos: um rege a orquestra, é o gestor de uma equipe de pessoas; o outro compõe a música, é o planejador estratégico do negócio. Um lida com a direção e o controle de pessoas, o outro lida com o planejamento e a organização da entidade. Afinal, dentro de um ponto de vista extremamente reducionista, a Administração envolve um processo de planejamento, organização, direção e controle.

E por que toquei tanto nesse assunto? Simplesmente porque música é arte, mas também é resultado. Uma arte criada especialmente para produzir resultado: encantar a alma do ouvinte e ficar viva em sua memória. O mesmo ocorre com a Administração. Administração é arte e é, também, resultado. Uma arte para produzir um resultado desejado e esperado pela sociedade. Não se esqueça nunca: Administração é resultado. Nas minhas cartas, sempre repetirei esse brado a você. Resultado é a consequência final da arte de administrar. Assim, como um time de futebol, o administrador deve fazer com que a organização ofereça resultados concretos. E ele será sempre avaliado por tais resultados.

Mesmo no futebol você pode encontrar arte. Como é bonito ver um time jogar futebol com arte. É maravilhoso, enche os olhos e vibra o coração. Porém, de nada adianta a arte se o time não ganha a partida nem leva o troféu do campeonato. O futebol também é uma arte – quando bem jogado –, mas é, sobretudo, resultado: ganhar o campeonato e levar o troféu. E se você perceber bem, o bom futebol não depende de estrelas isoladas ou de jogadores excelentes individualmente. Se não houver espírito de equipe, cada estrela irá querer dominar o espetáculo e mostrar seu desempenho individual, mesmo prejudicando os colegas. Isso é individualismo, é divergência. E aí é que mora o perigo. Futebol requer equipe, convergência, união, colaboração, alinhamento, força de conjunto e somente funciona quando todos se entrosam como uma equipe integrada para alcançar o objetivo maior: resultado. E o resultado se mede em gols.

Todo plano de ação, projeto, estratégia, por melhor que seja, necessita de pessoas competentes para torná-lo realidade concreta. Vamos prosseguir em nosso raciocínio com um exemplo mais simples. Vamos imaginar que você tem um jardim em sua casa e não tem tempo nem disposição para cuidar dele. Então você escolhe e contrata um jardineiro para cuidar do seu jardim. Na prática, estamos diante de uma típica situação de delegação de responsabilidade. Você tem várias opções pela frente. Dependendo da capacidade do jardineiro escolhido e se ele for pouco capacitado para a obra, você terá de lhe explicar detalhadamente o que quer que ele faça, acompanhar de maneira mais intensa ou mais solta seu trabalho, avaliar os resultados, fazer correções em eventuais falhas, melhorar alguns aspectos ou detalhes, orientá-lo sobre suas expectativas, comunicar-se, voltar a se comunicar até encontrar o ponto certo. Seu jardim dependerá provavelmente muito mais de suas decisões rotineiras e intervenções cotidianas do que propriamente do trabalho do jardineiro. Ele se torna apenas um executor de suas ordens. Agora, se o jardineiro for bem capacitado para a obra, todas essas atividades *a priori*, durante e *a posteriori* que você está assumindo e se encarregando poderão ser reduzidas. Você não precisará entrar em detalhes e sua participação diminuirá, enquanto a do jardineiro tenderá a aumentar. Você apenas dá ao jardineiro o objetivo a alcançar e ele passa a ser o responsável pelas pequenas decisões rotineiras em função de sua decisão maior. E por qual razão? Simples. A delegação de responsabilidade afeta fatalmente todo o processo decisório. Quanto mais o executor for treinado e preparado para sua atividade, tanto menos você – como administrador – precisará se preocupar com ele. Nesse caso, a tomada de decisão se desloca gradativamente de você para ele. Um jardineiro de primeira certamente fará sozinho todo o trabalho e apresentará a você os resultados finais que você esperava dele.

Seu processo decisório – como administrador ou dono do jardim – se resume a escolher o executor, e não mais a acompanhar todo o processo de seu trabalho. É simplesmente maravilhoso pedir a alguém para fazer determinado trabalho e despreocupadamente aguardar que o trabalho seja feito – e bem-feito, em consequência de uma só decisão ampla e genérica. Caso contrário, serão necessárias muitas e muitas intervenções cotidianas e decisões rotineiras de sua parte para levar adiante o trabalho. Deu para entender? Quanto mais você prepara as pessoas de sua equipe, tanto mais você poderá se despreocupar com o que ela está fazendo. E é só acompanhar os resultados. Eles virão sozinhos. Isso mostra que a escolha e o treinamento dos participantes de sua equipe são essenciais para que você possa realmente apresentar excelentes resultados por meio dela.

O trabalho do administrador depende totalmente da sua equipe de trabalho. O administrador não executa, ele apenas faz com que sua equipe execute o trabalho da melhor maneira possível. Para isso, ele planeja, organiza, dirige e controla, ou melhor, ajuda sua equipe a fazê-lo. Em uma empresa, o presidente trabalha com uma equipe de diretores, cada diretor com uma equipe de gerentes e cada gerente com uma equipe de supervisores. Você, muito provavelmente, começará como um supervisor líder de uma equipe de executores. Se mostrar sucesso, muito provavelmente será promovido a gerente de uma equipe de supervisores, o que fará sua carreira embalar. Contudo, sua plataforma de sucesso será sempre a equipe que for confiada a você.

Apesar do que exposto anteriormente, você não pode esperar que sua equipe lhe dê somente mãos, braços e músculos para o trabalho. **Mão de obra** é um conceito velho, antiquado e ultrapassado, coisa do século 18. Caro jovem administrador, acorde! Você precisa que sua equipe lhe ofereça muito mais do que simples esforço físico ou apenas trabalho muscular. A atividade repetitiva, física e rotineira vem sendo transferida para a máquina ou para o equipamento desde a Revolução Industrial e hoje foi parar nas mãos do robô ou da automação. Estamos em plena Era da Informação a caminho acelerado para a Era do Conhecimento. Você precisa ter cérebros e inteligências à sua inteira disposição, e não apenas braços e pernas. Braços e pernas podem ser importantes, mas não pensam nem raciocinam. Essas funções – pensar e raciocinar – são superiores às demais e estão localizadas em um lugar bem acima dos pescoços das pessoas. Faça os cérebros e as inteligências das pessoas trabalharem e o ajudarem em sua tarefa. Isso significa atividade cerebral, mental, racional, intelectual. Inteligência é uma riqueza que não pode ser desperdiçada. Vale demais para ficar guardada apenas dentro da cabeça das pessoas. Lá, ela fica guardada e sem nenhum valor prático.

Assim, chegamos a uma pergunta crítica: qual é exatamente o trabalho do administrador? Em quase todas as circunstâncias, ele deve interpretar os objetivos de sua empresa e transladá-los de maneira que sua equipe de trabalho possa entendê-los e pensar em como alcançá-los da melhor forma possível. Trata-se de um trabalho duplo: o administrador deve cuidar de sua própria tarefa e cuidar da tarefa de sua equipe. Essa duplicidade constitui seu desafio primário e fundamental. Para tanto, o administrador precisa investir continuamente em si próprio e também em sua equipe. E o melhor investimento na atualidade está no conhecimento, a moeda mais valiosa do mercado. Mais adiante, iremos abordar a gestão do conhecimento em sua equipe.

Já que você apresenta resultados à sua empresa por meio de sua equipe, faça um favor a si mesmo: dê à sua equipe todos os recursos possíveis para que ela possa trabalhar bem e alcançar os resultados esperados. Sua equipe precisa ter à sua disposição máquinas, equipamentos e tecnologias que possam aumentar sua eficiência e produtividade e permitam realizar um trabalho de altíssima qualidade. Ela precisa ter um local físico de trabalho agradável e acolhedor que proporcione condições ambientais adequadas e favoráveis. Porém, os recursos mais importantes de que sua equipe necessita não são propriamente físicos e concretos;

são intangíveis. Não aparecem aos olhos das pessoas, pois são intocáveis e invisíveis. E somente você, caro jovem administrador, poderá proporcioná-los. Os recursos mais importantes de que sua equipe necessita são liderança, motivação, comunicação, capacitação e treinamento, aprendizado constante e ininterrupto por meio da sua intervenção pessoal. Isso significa dar à equipe tudo aquilo que ela realmente precisa para alcançar os objetivos previamente traçados: recursos tangíveis e recursos intangíveis. Isso envolve uma clara visão do futuro, planos bem definidos e um tremendo sentido de confiança, colaboração e contribuição pessoal de todos. Além isso, adicione uma boa pitada de *empowerment*. Assim, procure dar o melhor de si mesmo à sua equipe, pois ela, com certeza, dará o melhor de si mesma a você e à sua organização. Trata-se de uma relação de reciprocidade em que os maiores ganhadores serão você e sua empresa. Não se esqueça de fazer com que sua equipe também saia ganhando, que ela também tenha um retorno do seu investimento em emoção e vibração para que sinta que vale a pena colaborar e lutar por algo que tem significado e produz resultados.

Para tanto, celebre, festeje, comemore. Ponha emoção e vibração nas coisas que você faz por meio de sua equipe. Faça o maior barulho possível quando seus participantes alcançarem alguma meta, ultrapassarem um objetivo, ou oferecerem algum resultado importante, uma ideia brilhante ou uma sugestão valiosa. Distribua brindes ou presentes, não importa o valor. Estimule sempre o espírito de equipe, de participação e colaboração. As pessoas gostam disso, e provavelmente você também. Recompense bastante e marque sempre um reforço positivo e constante sobre o bom desempenho e a lealdade das pessoas. Saiba reconhecer o esforço e o desempenho excelente em público e de maneira notória e enfática. Não deixe passar as oportunidades para isso, mas seja justo e imparcial. Trate a todos como você gostaria de ser tratado. Faça um esforço para que todas as pessoas tenham orgulho e satisfação de pertencer à sua equipe. Para tornar o trabalho mais agradável e dinâmico, utilize jogos, competições e brincadeiras com seus subordinados. O administrador precisa ser um líder, um estimulador constante, um impulsionador, um aglutinador e um inspirador para sua equipe.

Da mesma maneira que não existem duas organizações ou empresas exatamente iguais, também não existem duas pessoas idênticas. Todas as pessoas possuem pontos positivos ou altamente positivos e pontos negativos ou altamente negativos. Os pontos positivos são aqueles que todos mais desejam, pois ajudam as pessoas no alcance de seus objetivos pessoais e facilitam a busca pelo sucesso profissional. Os pontos negativos são aqueles que todos mais detestam, pois atrapalham as pessoas e dificultam seu sucesso. O administrador deve ajudar as pessoas a desenvolver e ampliar cada vez mais seus pontos positivos e a se aplicar nas suas atividades da melhor maneira possível, bem como deve ajudar as pessoas a corrigir ou neutralizar seus pontos negativos. Isso requer um trabalho pessoal de avaliação individual e coletiva de maneira constante e ininterrupta dos componentes de sua equipe para lhes proporcionar retroação – ou *feedback* – a fim de que as pessoas possam tomar conhecimento de suas capacidades e dificuldades pessoais. Em função disso, o administrador precisa saber lidar com as diferenças individuais de personalidade, caráter, aptidões, interesses, inteligências de seus subordinados e trabalhar com cada um deles no sentido de obter o máximo possível de suas potencialidades. Cada pessoa é única e diferenciada. É preciso saber interagir de maneira adequada e sintonizada com as características individuais de cada pessoa que compõe sua equipe de trabalho, sem denotar preferências pessoais – ainda mais no mundo de negócios de hoje, em que se fala tanto de diversidade e de inclusão social. Isso é uma questão de saber utilizar a variedade de habilidades e competências contida em sua equipe de trabalho. As empresas mais bem-sucedidas estão compondo equipes multifuncionais e dotadas de várias competências para realizar trabalhos ou projetos integrais. Cada pessoa ingressa na equipe com suas competências para que a equipe possa conter todas as competências necessárias para o trabalho ou projeto a ser desenvolvido e concluído. Cada pessoa passa a ser – além de um componente da equipe – também um fornecedor de competências para ela. À medida que o trabalho ou projeto muda, também muda a configuração das competências necessárias e, portanto, a composição da equipe. Essa flexibilidade é indispensável quando o trabalho ou projeto é inovador e envolve muita convergência de conhecimentos e habilidades indispensáveis para que se torne realidade. Nesse caso, torna-se imprescindível que cada participante conheça – mesmo que de maneira superficial – o papel dos demais colegas na composição da equipe. Além disso, é indispensável definir antecipadamente e desde o início o que se espera da equipe como um todo e de cada integrante da equipe em particular. É vital que as pessoas saibam qual o seu papel para que não fiquem confusas ou percam seu tempo tentando adivinhar o que devem fazer e os objetivos a alcançar, que conheçam os valores, princípios e padrões, seja da equipe ou da empresa, e quais são as atitudes, os requisitos emocionais e os comportamentos esperados. Um pequeno código de conduta que pode ser escrito a várias mãos com toda a equipe com base no consenso, e não na imposição, pode ajudar muito na busca de compromisso, convergência e alinhamento. O administrador precisa dar à sua equipe toda essa infraestrutura comportamental e atitudinal para que ela se saia realmente bem e as pessoas de sua equipe façam parte da solução, e não do problema. O administrador precisa receber soluções, e não problemas de sua equipe. Isso é participação ativa, colaboração, cooperação e engajamento.

O médico Albert Schweitzer dizia que o sucesso não é a chave da felicidade. Pelo contrário, a felicidade é que é a chave do sucesso. Se você ama o que está fazendo, será bem-sucedido. Se você não gosta do que faz, então mude de profissão imediatamente. Como administrador, você tem responsabilidade direta sobre as pessoas que compõem seu time, sua equipe. Você precisa se assegurar de que as pessoas que trabalham com você e o ajudam a alcançar objetivos estão satisfeitas e confortáveis fazendo aquilo que amam. E como ajudá-las a amar seu trabalho? Como administrador, você ocupa uma posição privilegiada. Você está profundamente envolvido com a confiança das pessoas, com a ética, com a responsabilidade social e com a honradez. Queira ou não, você é responsável por vidas humanas, pelo seu destino, seu desenvolvimento profissional, seu futuro, sua felicidade. Faça da Administração uma arte em conduzir pessoas e faça com que elas estejam perfeitamente afinadas e alinhadas para produzir resultados. Esse é o resultado da sua arte de administrar. Seja o compositor que sabe planejar e organizar e o maestro ideal para que as coisas aconteçam da melhor maneira possível. Seja o condutor dessa sua incrível orquestra que é a equipe que irá trabalhar com você à frente.

Adm. Idalberto Chiavenato

ACESSE A SALA DE AULA VIRTUAL CHIAVENATO DIGITAL PARA OBTER CONTEÚDOS COMPLEMENTARES E APROFUNDAR AINDA MAIS SEU CONHECIMENTO NO UNIVERSO DA ADMINISTRAÇÃO.

CARTA 3
Por que escolher a Administração?

Caro jovem administrador,

Para escolher adequadamente uma profissão, você precisa casar perfeitamente quatro aspectos pessoais de maneira harmônica e integrada: suas características de personalidade, sua gama de interesses pessoais, seu tipo de inteligência e seus objetivos de vida. Quando tudo isso for convergente, seu sucesso profissional será alavancado e exponenciado. Por exemplo, suas características de personalidade – se você é extrovertido ou introvertido, espaçoso ou tímido, agressivo ou cordial – são importantes para definir o tipo de atividade mais adequado para você. Uma pessoa extrovertida tem mais facilidade de contato com os outros, se dá bem com atividades sociais, de relacionamento humano ou de trabalho em equipe. Uma pessoa introvertida tende mais ao trabalho solitário, distante dos outros, com maior concentração mental ou visual naquilo que faz isoladamente, como atividades de planejamento ou controle. Uma pessoa espaçosa tende a galgar com mais facilidade as posições de comando, de liderança ou de superposição, enquanto uma tímida provavelmente irá preferir condições diferentes em atividades de consultoria ou apoio tático ou estratégico. Uma pessoa agressiva tende a ter mais facilidade em certas atividades tipo *hard*, como atividades competitivas, enquanto uma pessoa cordial pode se dar melhor em atividades tipo *soft*, como atividades defensivas. Não quero lhe dar nenhuma lição de Psicologia Ocupacional, mas é importante saber que as características de personalidade são importantes na definição do tipo de atividade profissional que você escolherá.

Por outro lado, a gama de interesses pessoais é também importante. Se você gosta ou tem interesse ou propensão para atividades de contato humano e se isso é acompanhado de certas características de personalidade que vão de encontro a essas atividades, então seu figurino profissional pode ser traçado com mais facilidade. Se sua vocação pessoal é religião, música, negócios, natureza, esporte, filantropia, organização, empreendimentos, saúde, então é preciso levá-la em conta.

Você deve saber que temos vários tipos de inteligência, com alguns deles em excesso e outros escassos em nosso arsenal hereditário. Além da inteligência geral (QI), temos inteligências como social, verbal, numérica, espacial, voltada a detalhes, raciocínio abstrato, raciocínio concreto etc. O tipo de inteligência predominante define nossa principal aptidão para fazer bem certas coisas e o raciocínio prevalente em nosso comportamento. Isso também deve ser levado em conta. Procure utilizar seu tipo de inteligência predominante como meio de trabalho.

O importante é saber casar e conjugar suas características de personalidade com seus interesses pessoais e com seu tipo de inteligência ao escolher uma profissão ou alguma especialidade em que possa utilizá-las melhor e mais proveitosamente. Se você souber conjugá-las adequadamente para que umas ajudem as outras, certamente elas lhe proporcionarão maior satisfação e mais facilidade.

Por fim, leve em conta seus objetivos pessoais de vida no longo prazo. Reflita profundamente sobre aonde você pretende chegar e o que deseja que aconteça ao longo de sua vida.

Em resumo: junte todas essas coisas em uma só panela, misture a dose certa de cada uma delas, cozinhe em fogo brando por meio de um bom aprendizado, adicione alguns condimentos em termos de experiência prática e, pronto, suas competências estarão adequadamente dispostas e prontas para serem aplicadas. Bem, falar é fácil; fazer é mais difícil, mas pense nisso. Vale a pena refletir e se planejar para o futuro.

PARA REFLEXÃO

> **Por que você escolheu a profissão de administrador?**
>
> Lembro-me com enorme saudade de meu pai, um empreendedor que trouxe a primeira agência de automóveis da Ford Motor Co. para uma cidade do interior de São Paulo. Dava gosto vê-lo dirigir um carro, engrenando diretamente as marchas sem sequer pisar na embreagem. Um verdadeiro brincalhão aos 70 anos de idade, mas com enorme envergadura moral. Um respeitável pai de família e adorado em toda a comunidade. O que o fazia ser assim? O orgulho de ser admirado e respeitado. Meu pai era assim. Gostava de ser aprovado pelos outros. Por meio do seu exemplo cheguei à conclusão de que cada pessoa escolhe a trajetória profissional que lhe traz o melhor retorno possível de suas características pessoais. Infelizmente, meu pai se foi. Entretanto, sua lembrança em minha memória me faz lhe perguntar, caro jovem administrador: por qual razão você escolheu a profissão de administrador? Como será o caminho mais fácil para seu sucesso profissional? Mas qual sucesso? O que significa sucesso para você? O que você tem em mente? Afinal, quais são seus objetivos de vida?

Você pode escolher a profissão de administrador por uma série de diferentes motivos. A profissão pode levá-lo às alturas como o principal líder de uma organização ou pode levá-lo a uma rotina desgastante de trabalho meramente operacional dependendo do seu nível de preparação e de atuação. Tudo depende das circunstâncias e, principalmente, de você. Você precisa ganhar o controle do seu futuro e manejá-lo para chegar aonde pretende chegar. Precisa criar e projetar seu futuro profissional, e não apenas segui-lo ao sabor dos ventos e das circunstâncias. Como administrador você pode ser o presidente de uma grande organização ou pode ser um mero supervisor de seção em uma pequena empresa. A amplitude de variação é enorme. E isso depende das competências pessoais que você pode e deve construir e reunir de maneira sólida e integrada. O mercado irá julgá-lo e posicioná-lo no nível equivalente das competências que você demonstrar que possui e dos resultados que pode entregar. Assim, é mister que você saiba investir em seu principal produto: suas competências profissionais. Isso requer necessariamente a construção de uma série de habilidades por meio de intensa e contínua capacitação profissional ao longo de toda a sua carreira. Vivemos em uma Era Digital em que precisamos aprender ao longo de toda a nossa vida. É por essa razão que nos tornamos hoje eternos estudantes, dentro ou fora das salas de aula. Assim, precisamos aproveitar intensivamente todas as oportunidades de aprender, não importa quando e onde.

A Administração é uma ciência muito jovem. Uma gentil e adorável senhora com pouco mais de 100 anos de idade. Provavelmente, a ciência mais nova no cenário das ciências mais importantes, porém já provou do que é capaz. Na verdade, a Administração foi a principal causadora do impressionante salto de progresso e riqueza que ocorreu no século passado e no formidável aumento da qualidade de vida que está acontecendo no mundo moderno. Mais do que isso, ela está alcançando foros de universalidade. Cada vez mais, as ciências em geral dependem da Administração para poder transformar suas invenções, pesquisas e descobertas em produtos e serviços disponíveis para a sociedade. Além disso, nos tempos atuais, todas as ciências dependem da Administração para poder contribuir com a melhoria de vida das pessoas. As descobertas em medicina, física, química, biologia, tecnologia, engenharia e em comunicações precisam de organizações adequadas para transformá-las rapidamente em produtos e serviços disponíveis no mercado. E as organizações somente podem fazê-lo adequadamente por meio de uma boa administração. O fato mais impressionante e que nos escapa aos olhos é que milhares e milhares de diferentes cientistas, engenheiros, físicos, biólogos, astrônomos, matemáticos, geômetras, geólogos, meteorologistas e especialistas em balística, materiais especiais, energia, combustíveis, alimentação, roupas especiais, tecnologia da informação (TI), telecomunicações, rastreamento etc. somente conseguiram levar o homem à Lua por intermédio da NASA, uma organização administrada. Sem a NASA, o homem jamais poderia ter pisado no nosso satélite, apesar de todas as conquistas científicas nesse sentido. Ou as sondas jamais teriam chegado aos longínquos planetas, como Marte. É isso aí. A Administração é a ciência que faz com que as descobertas e as invenções das demais ciências do mundo moderno possam ser transformadas em produtos, serviços, informação, entretenimento, saúde, segurança, por meio das organizações. Na prática, a Administração fornece às demais ciências todos os meios necessários para que elas possam contribuir para que as pessoas recebam os benefícios de suas descobertas, pesquisas e invenções. Ela está sendo a ciência das ciências, aquela que traduz os avanços científicos em artefatos, produtos e serviços necessários à qualidade de vida da sociedade. Além disso, as cidades, os estados e as nações dependem cada vez mais da Administração para alcançar níveis de excelência, qualidade de vida das pessoas e cuidados com a natureza. O desenvolvimento – de empresas, organizações, municípios, estados e nações – passa necessariamente pela Administração. Sem a Administração, nada feito. Na verdade, pode-se concluir, assim como Peter Drucker, que não existem países adiantados ou atrasados, ricos ou pobres, mas países bem administrados e países mal administrados. Um país pode ter muitos recursos – como alguns países africanos – e, apesar disso, viver na absoluta pobreza e miséria. Outro país pode ter poucos e escassos recursos naturais e viver com elevada qualidade de vida graças à Administração no meio disso tudo. "Tirar leite de pedra" tem muito a ver com Administração. Em outras palavras, extrair o máximo dos recursos existentes em proveito da qualidade de vida das pessoas.

PARA REFLEXÃO

> **A Administração está em toda parte**
>
> As pessoas que se formaram nas demais ciências quase sempre estão necessitando da Administração para constituir suas empresas, negócios ou empreendimentos. O agricultor precisa da Administração para projetar seu plantio, programar e estocar seus insumos, agendar sua colheita, definir a logística e distribuir os produtos finais, a fim de levar adiante seu ciclo produtivo. O engenheiro precisa da Administração para tocar sua empresa de projetos e construções. O médico precisa da Administração para levar adiante sua clínica particular ou o hospital – uma organização administrada – para cuidar da saúde da população. O contador precisa da Administração para conduzir sua empresa de serviços de contabilidade e auditoria. O advogado precisa da Administração para ser bem-sucedido em sua empresa de consultoria legal. Sempre que há uma organização, empreendimento, empresa ou unidade organizacional pela frente, a Administração se torna imprescindível para fazê-los funcionar a contento. E mesmo em situações simples pode-se notar a essencialidade da Administração nos dias de hoje: a dona de casa precisa dela para seu cotidiano de arrumar a casa, cuidar da roupa, controlar os estoques, fazer compras no supermercado ou no *shopping center*, pagar as contas, enfrentar as contingências etc. No fundo, a Administração está em toda parte. Acontece que não temos administradores em quantidade e qualidade suficientes tanto na Administração pública quanto na privada.

Voltemos ao tema anterior. Por que você escolheu a Administração como profissão? Para dirigir o destino de grandes organizações? Para ser um presidente delas? Ou, então, reduzindo o escopo, seu alvo seria comandar empresas médias ou pequenas? Ser um diretor de uma unidade organizacional? Ou, então, olhando mais para baixo, gerenciar departamentos ou divisões, não importa qual tamanho tenham as empresas em que eles estejam localizados? Ou, baixando mais para o umbigo, supervisionar seções ou setores de atividades? Ou apenas liderar equipes de trabalho? Tudo depende de como você está se preparando para o desafio profissional, sem falar na possibilidade de se tornar apenas um simples executor de atividades, um balconista de companhia aérea ou um auxiliar de escritório. Afinal, a pergunta que paira no ar é: que tipo de administrador você pretende ser? Em que nível você quer se situar? Aonde você pretende chegar? Não seja tímido nem fique de farol baixo. Amplie seu horizonte de pretensões. Olhe mais para cima. Ouse e ponha suas ambições além dos seus limites e defina que é lá que você vai chegar, com toda a certeza. E não deixe por menos. Então, prepare-se para isso.

Contudo, além do nível hierárquico de atividade, a Administração oferece um enorme leque horizontal de opções profissionais. Uma enorme variedade de opções de especializações. Por exemplo, em marketing, você pode se dedicar a atividades altamente diferenciadas como planejamento estratégico de marketing, marketing de relacionamento, promoção, propaganda, pesquisa de mercado, atendimento e jornada do cliente, comportamento do consumidor, gestão de vendas, marca, mídia, veiculação, gerência de produto, portfólio de produto, logística e distribuição, entre outras. Em finanças, você pode se dedicar a planejamento financeiro, estruturação de capital, planejamento e controle orçamentário, planejamento tributário, fluxo de caixa, tesouraria, crediário, cobrança, planos de investimentos, planejamento de receita, relacionamento com acionistas, controladoria, entre outras atividades. Em gestão humana, você pode se dedicar a recrutamento e seleção, treinamento e desenvolvimento, avaliação do desempenho, remuneração fixa e variável, benefícios fixos e variáveis, gestão do conhecimento corporativo, universidade corporativa, organizações de aprendizagem, capital humano, capital intelectual, higiene e segurança, avaliação do clima e da cultura organizacional, desenvolvimento organizacional, análise de pessoas, entre outras atividades. Em produção/operações/manufatura, você pode se dedicar a planejamento e controle da produção, compras e suprimento, logística de entrada e logística de saída, estudo de tempos e movimentos, racionalização do trabalho, gestão da qualidade, gestão da inovação, manutenção, entre outras atividades. Em tecnologia, então, nem se fale: análise e ciência de dados, inteligência artificial, automação, e assim por diante. A Administração oferece – mais do que qualquer outra ciência – uma infinidade de opções profissionais à escolha do administrador. Essa riqueza de aplicações é que torna a Administração altamente procurada nos tempos atuais. É por essa razão que, atualmente, se fala muito em Administração de Marketing, Administração Financeira, Administração de Talentos, Administração da Produção/Operações/Manufatura, Administração da Tecnologia e outras especialidades que surgem a cada dia que passa, como Gestão do Conhecimento, Gestão de Competências, Gestão do Capital Humano, Gestão do Capital Intelectual etc. Isso, sem falar em Administração pública, bancária, hospitalar, hoteleira, do agronegócio, da tecnologia, do terceiro setor etc. Essa riqueza de alternativas e oportunidades é realmente impressionante. São inúmeros caminhos por onde você pode transitar em seu futuro.

Por outro lado, além do nível e do amplo leque de opções, a Administração é a principal responsável pelo sucesso das organizações. Lembre-se de que vivemos em uma sociedade de organizações. Tudo na moderna sociedade é inventado, criado, projetado, construído, produzido e entregue ao mercado por meio de organizações. O ser humano depende cada vez mais da atividade organizacional para viver bem: nascemos nelas, crescemos, nos educamos, nos alimentamos, trabalhamos, nos divertimos e até morremos em organizações. Mesmo quando pretendemos nos afastar delas – seja nos fins de semana, nas férias ou nos escapes –, dependemos delas para viajar pelas estradas ou aviões, nos hospedarmos em hotéis ou comermos em restaurantes. Convém lembrar-lhe, caro jovem administrador, que existem organizações de todos os tipos e naturezas possíveis ou imagináveis. Elas podem ser públicas ou privadas, lucrativas ou não lucrativas, organizações não governamentais; pequenas, médias, grandes; nacionais, globais, mundiais; e até mesmo a Organização das Nações Unidas (ONU). Entre as organizações existem empresas, indústrias, bancos, financeiras, hospitais, escolas e universidades, entidades religiosas e filantrópicas, postos de gasolina, agências de carros, lojas, supermercados, *shopping centers*, cinemas, teatros e um sem-número de variações, uma infinidade de exemplos. Todas essas organizações em geral e empresas em particular precisam ser administradas, e somente são bem-sucedidas quando adequadamente administradas. Sem a Administração, sua vida é curta e sua mortalidade é elevada. Nos dias de hoje, voláteis, ambíguos e incertos, você precisa ser, mais do que nunca, flexível, adaptável, ágil e rápido em tudo aquilo que faz, sempre que possível. Deixe o passado e pense em soluções diferentes e inovadoras. Lembre-se de que a Administração é um fenômeno tipicamente organizacional no sentido de fazer com que as organizações tenham competitividade – sendo melhores do que as demais – e sustentabilidade – sendo autossustentáveis, apesar de todos os desafios que enfrentam. Essas duas características dependerão do seu trabalho como profissional. Enfrente a competição e garanta seu futuro pela frente.

De modo geral, competitividade, sustentabilidade, sucesso, excelência, responsabilidade social das organizações somente podem ser construídos por meio da Administração. A Administração precisa de organizações para poder contribuir, mas as organizações precisam dela para serem bem-sucedidas. Essa simbiose Administração × organização é a base fundamental da criação de valor e de riqueza que ocorre nas sociedades atuais. Enquanto as organizações estão se constituindo em verdadeiras máquinas de agregar valor e gerar riqueza, a Administração constitui o principal motor que as dinamiza, alavanca e assegura essa continuidade e sucesso.

Assim, caro jovem administrador, você pode definir os vários níveis de atuação, as diferentes áreas profissionais e uma ampla variedade de organizações para pendurar seu balão e impulsionar resultados. Esse panorama das oportunidades em Administração é realmente ímpar e está se ampliando a cada dia que passa.

Mas voltando ao tema inicial desta carta: quais são as necessidades íntimas que você gostaria de satisfazer por meio da profissão de administrador? Orgulho, vaidade, poder, *status*, prestígio, servir, ajudar os outros, contribuir, colaborar, participar, sentir-se junto, pertencer, solidariedade, respeito, inclusão social, responsabilidade social? Você pode perfeitamente adequar sua carreira profissional a qualquer uma dessas necessidades desde que você saiba localizar seu filão, seu nicho de atuação, seu propósito, sua essência e vocação.

Contudo, caro jovem administrador, como já lhe disse antes, a Administração é uma ciência cheia de encantos, desafios e aparentes contradições, um verdadeiro oceano de surpresas. Tanto que, muitas vezes, você precisará ser generalista, outras vezes, especialista, estrategista ou analista. Você precisará de uma abordagem holística em muitos casos ou uma abordagem de minúcias e pequenos detalhes em outros. Assim, você precisará ver grande e utilizar um potente *zoom* ou ver pequeno em um microscópio, conforme as circunstâncias. Se você trabalhar com conceitos estratégicos, a visão geral é global e fundamental. Porém, se você trabalhar com conceitos de relacionamento com clientes, alguns detalhes podem fazer enorme diferença. O toque de Midas – aquele personagem mitológico grego que transformava em ouro tudo aquilo que tocava com as mãos – pode ser tanto genérico e amplo quanto pode envolver minúcias ou pequenos ornamentos quase imperceptíveis. Saiba ajustar seu foco de acordo com seus objetivos.

Sendo assim, você precisará ser agressivo e ofensivo quando se tratar de estratégias de conquista de mercados, ou suave e meigo quando se tratar de conquistar mentes e corações. A estratégia ofensiva conduz você à leitura militar de Sun Tzu ou von Clausewitz. Enfrentar concorrentes, ganhar batalhas de marketing, conquistar novos clientes, colocar sua marca no mercado como se fincasse a bandeira da nação em pleno território inimigo. Por outro lado, uma estratégia defensiva requer eficiência na produção para reduzir custos e reter clientes. Fidelizar clientes requer uma leitura mais amena de Kotler ou Moller. Manter o *status quo* está ficando extremamente difícil nos novos tempos de mudanças e transformações, quando os concorrentes são mais agressivos. Tudo é uma questão de situações externas a enfrentar.

Cada situação requer um comportamento adequado de sua parte. Mas como definir tal comportamento? O primeiro passo é melhorar e desenvolver sua capacidade de diagnóstico das situações enfrentadas, suas contingências, coações, oportunidades ou ameaças a defrontar. Falamos em nossa carta anterior sobre suas competências em diagnóstico de situações, problemas, necessidades, oportunidades e ameaças. Você precisa enxergar aquilo que nem todas as pessoas podem perceber. Faro afinado, visão abrangente, argúcia, olhar penetrante, antevisão das coisas, sensibilidade situacional – qualquer que seja o nome a ser dado – são importantes para você perceber o entorno – aquilo que o cerca e, de preferência, de fora para dentro – a fim de visualizar a melhor postura possível para enfrentá-lo. Um olhar a distância pode mostrar aspectos que a proximidade oculta, ou um olhar mais próximo irá mostrar aspectos que a distância não permite ver. Uma vez perguntei a um jogador de futebol que admiro muito como ele sempre conseguia estar no palco das grandes jogadas e ser um baita sucesso no campo. Ele me respondeu com uma simplicidade impressionante: "eu estou sempre aonde a bola vai chegar". Fiquei impressionado com sua resposta tão cheia de significado e de visão estratégica. Na prática, isso significa antever o andamento e o desdobramento das coisas e estar sempre posicionado no núcleo onde elas acontecerão. E é lá o centro do espetáculo, a arena dos acontecimentos, o palco dos eventos. Que tal tentar fazer o mesmo na administração dos negócios, seja nas empresas ou nas organizações em geral? Essa capacidade de diagnosticar situações e planejar cenários futuros precisa ser desenvolvida ao extremo. Tal capacidade é vital para que você esteja no lugar certo e na hora certa fazendo as coisas certas. Mas além de saber diagnosticar, você precisa elaborar cenários para o amanhã. Cenários são as decorrências futuras da situação atual. É preciso visualizar a situação atual como uma realidade em um fluxo dinâmico e mutável. Como a ação administrativa envolve planejamento e o planejamento é estendido para o futuro, se você ficar restrito à situação tal como ela ocorre agora, poderá projetar ações adequadas ao momento atual, mas inadequadas para o momento futuro de sua execução. O mundo dos negócios não é estático nem fica à sua espera ou à sua disposição, mas está sempre em movimento, mudança, ruptura e transformação. A inovação rompe com o passado. Você precisa vislumbrar as consequências da situação atual, dos atores envolvidos e das suas prováveis decisões e ações.

Se você conseguir incrementar suas habilidades de diagnóstico, como já lhe contei em uma de nossas cartas, o passo seguinte é desenvolver sua flexibilidade no estilo de gestão. Não há um estilo ideal de gestão. O estilo deve estar apropriado para cada situação enfrentada e dentro de suas características pessoais, sob medida. É a habilidade de ajustar-se ou adequar-se às forças em jogo, uma vez analisadas e diagnosticadas. Ou, ao contrário, de ajustar e adequar essas forças ao seu estilo de gestão. Uma situação de emergência requer um estilo de gestão apropriado, uma situação de tranquilidade requer outro, uma situação de inovação exige um estilo de gestão diferente de uma situação de simples melhoria ou desenvolvimento. Deixe de lado a rigidez e aproveite para melhorar seu jogo de cintura. A flexibilidade é condição necessária da mudança e deve ser sempre estimulada por meio de condições criadas por você para que ela promova a mudança necessária. Lembre-se: o administrador não deve ser apenas um simples agente de manutenção do *status quo* e de conservação da situação atual. Isso é muito pouco, e vale pouco no mundo atual quando a empresa requer mudanças rápidas e ágeis. O administrador deve ser um poderoso agente de mudança e de inovação dentro da empresa. Isso fará com que seu trabalho esteja sempre atualizado e focado no futuro – que certamente será muito diferente –, e não baseado no presente ou no passado. O papel do administrador, nesse caso, é o de flexibilizar e adaptar constantemente sua empresa às voláteis, ambíguas e rápidas mudanças e transformações que ocorrem no seu contexto externo, visualizando os desafios de maneira diferente, e buscar soluções de maneira criativa e inovadora.

O terceiro passo após o diagnóstico situacional e a flexibilidade de estilo é a destreza de gestão situacional. É a capacidade de o administrador modificar uma situação que requer melhoria, mudança ou inovação. Em geral, o administrador não aplica tudo o que sabe ou pode ser que a situação enfrentada nem sempre o permita. Ele precisa criar as condições adequadas para que possa aplicar tudo aquilo que sabe ou pode fazer. Ele pode ter um ponto de vista que os demais envolvidos não aprovam ou desconfiam de sua eficácia. Esse é o lado político da Administração. Buscar pontos de apoio e suporte, isto é, localizar aliados e colaboradores com quem possa contar, criar pontos de referência, desenvolver equipes de elevado desempenho para pensar, refletir, programar e agir a fim de que as coisas possam realmente acontecer para melhorar cada vez mais a competitividade da empresa. O importante é começar avaliando suas áreas de eficácia, isto é, onde você consegue alcançar em alto grau os resultados desejados de seu trabalho. Essas áreas de eficácia devem ser entendidas como seu produto, seu resultado, e não os insumos que você recebe. Em outras palavras, você precisa identificar claramente qual é seu papel dentro da empresa e saber distinguir entre insumo (manutenção do *status quo*) e produto (alcance de resultados). Papéis confusos ou pouco explicitados dificilmente alcançam eficácia, isto é, raramente promovem resultados. Foco e alinhamento são indispensáveis. Cuide sempre disso.

A escolha da Administração como base da carreira profissional permite a você descortinar um vasto leque de oportunidades. Isso requer que você se conheça cada vez mais – quais são seus pontos fortes e quais são suas fragilidades – e passe a aplicar cada vez mais aqueles e a corrigir e melhorar estas. Invista em você mesmo. Conhecimento, habilidades e competências não estão sendo cobrados apenas das pessoas que participam da execução de tarefas nas empresas, mas principalmente dos administradores que lidam com essas pessoas. Faça de sua escolha um bem-sucedido plano de negócios. Afinal, o produto que você deve oferecer é a inteligência administrativa – sua competência essencial.

Adm. Idalberto Chiavenato

ACESSE A SALA DE AULA VIRTUAL CHIAVENATO DIGITAL PARA OBTER CONTEÚDOS COMPLEMENTARES E APROFUNDAR AINDA MAIS SEU CONHECIMENTO NO UNIVERSO DA ADMINISTRAÇÃO.

CARTA 4
Quem será seu cliente?

Caro jovem administrador,

Se você ainda tem algumas dúvidas a respeito de nossa profissão, isso é muito comum. Dúvidas sempre existem, principalmente quando a atividade é complexa e desafiadora. Realmente, administrar é uma tarefa que pode ser visualizada sob vários e diferentes ângulos. Quem está na passarela é você, seus objetivos, suas estratégias e os resultados que você pretende apresentar aos outros. Mas sempre existe a pergunta: quem é seu cliente? Afinal, para quem você irá trabalhar? Lembre-se de que toda empresa tem vários grupos de interesses envolvidos em seu sucesso. Cada um desses grupos de interesses – *stakeholders* – espera algo da empresa ou, pelo menos, um retorno de seus investimentos, de sua contribuição ou de suas expectativas.

O acionista investe dinheiro no negócio e espera um retorno adequado de seus investimentos. Seu interesse é que o negócio prospere e lhe proporcione uma relação custo/benefício melhor do que outras alternativas de investimento. Fidelizar o acionista significa dar a ele aquilo que ele espera da empresa. À medida que ele se sente bem-sucedido, sua alternativa é manter ou aumentar seu investimento.

O mesmo ocorre com o cliente ou consumidor dos produtos/serviços da empresa. Ele investe adquirindo produtos da marca da empresa e espera um retorno adequado do dinheiro de sua compra. Seu interesse é que o negócio prospere e lhe proporcione qualidade, imagem, adequação do produto às suas expectativas, assistência técnica, quando necessária, preço adequado às características do produto, facilidade na compra e satisfação garantida. Fidelizar o cliente ou consumidor significa dar a ele aquilo que ele espera comprar agregando valor a ele. À medida que ele se sente bem-sucedido na compra, a alternativa é continuar comprando o mesmo produto da mesma empresa.

Outro grupo de interesse é o fornecedor. Ele investe no negócio da empresa fornecendo insumos e serviços variados e espera um retorno adequado de seus investimentos nesse mister. Seu interesse é que o negócio prospere e lhe proporcione uma continuidade de novos fornecimentos e uma relação custo/benefício favorável. À medida que ele se sente bem-sucedido, tende a manter ou aumentar seu investimento.

Da mesma forma, outros grupos de interesse fazem o mesmo: governo, sociedade, comunidade, agências reguladoras, associações de classe, sindicatos. Todos fazem investimentos em termos de colaboração, ajuda, facilitação no sentido de obter retornos favoráveis.

No fundo, todos os grupos de interesses investem na empresa e aguardam retornos maiores do que os investimentos feitos. Você até poderia pensar que todo mundo quer tirar proveito da empresa, exaurindo-a de seus recursos. Até certo ponto isso é verdade, mas o importante é que em todo investimento que você faz se espera um retorno igual ou maior. Essa é a lei do mercado. Felizmente, a empresa é um sistema aberto que recebe vários e diferentes insumos, processa-os, agrega valor a eles e os transforma em produtos ou serviços que produzem resultados muito maiores do que os custos incorridos. Esse é o excedente sistêmico. Chame-o de multiplicação, geração de riqueza, sinergia, lucro ou retorno financeiro, mas o fato é que a empresa – como uma entidade organizada – constitui a maior geradora de riqueza do planeta. Em muitos casos, é uma fabulosa máquina de fazer dinheiro. E todos os grupos de interesse estão interessados nisso. Cada um deles faz seu investimento no negócio e espera um retorno favorável e interessante. E todos eles são seus clientes. Você, no fundo, trabalha para todos eles.

Contudo, existem outros ângulos sob os quais seu desempenho como administrador pode ser analisado e avaliado. Quem está acima de você e o vê de cima para baixo pode ter uma visão particular do seu desempenho: os acionistas da empresa, a presidência, a direção, os gerentes podem esperar mais ou menos de você. Isso depende de cada um deles. Você precisa sempre demonstrar como está alcançando seus objetivos e oferecendo resultados. Quando os objetivos são facilmente conquistados, você não precisa explicar muito, pois os resultados sempre falam mais alto. Entretanto, em uma situação em que os objetivos são difíceis e inalcançáveis, você precisa mostrar por que o desempenho está abaixo do esperado e saber solicitar ajuda e recursos quando necessário. Você nunca está sozinho, a menos que o queira.

E quem está abaixo de você e o vê de baixo para cima, tem necessariamente uma visão diferente do seu desempenho. Todos percebem que você pode ajudar ou atrapalhar o trabalho de sua equipe dependendo do estilo de gestão que adota e das decisões que toma solitariamente ou solidariamente com os demais. É uma questão de escolha: pense sempre naquilo que seus subordinados esperam de você e como você pode ajudá-los a alcançar objetivos consensuais que lhe interessam diretamente. Sempre que puder, pergunte aos membros de sua equipe: como posso ajudá-los? Ou então: como vocês podem me ajudar?

E quem trabalha ao seu lado, isto é, seus pares na tarefa empresarial, seus colegas – sejam supervisores, gerentes ou diretores –, sempre esperam algo de sua parte na luta pelo alcance de objetivos e superação de resultados. Você não precisa perguntar, mas pode objetivamente saber por meio de conversas informais, reuniões, troca de informações ou algo parecido o que seus colegas pensam de você e de sua atuação. Anote bem e faça questão de periodicamente sondar como vai sua avaliação profissional perante os colegas.

Faça uma verificação em 360° sempre que puder e sem que isso seja muito visível. Sinta-se como se estivesse no centro da arena e veja como colegas, superiores, subordinados, clientes externos e fornecedores externos apreciam seu trabalho. Compare as expectativas ao seu redor com os resultados que você está oferecendo. Esse diferencial entre o que esperam de você e o que você está entregando precisa ser corrigido. É importante reduzir as diferenças entre o que você lhes oferece e o que eles estão esperando de você, ainda mais quando as expectativas são mais elevadas do que aquilo que estão recebendo de você. Nesse caso, a tendência é o afastamento progressivo, pois sua atuação não traz benefício a ninguém em termos de expectativas. E você vai querer ficar sempre na equipe do seu superior, isto é, entre seus colegas. Todo trabalho representa uma forma de interação, de reciprocidade, de dar para receber e vice-versa. Chame isso de troca, intercâmbio, interdependência, mas o importante é saber colaborar para que o conjunto como um todo alcance seus objetivos. Afinal, toda organização ou empresa é o resultado da colaboração humana de maneira organizada. Sem colaboração não há organização nem empresa. A colaboração é a raiz da organização humana, o núcleo da atividade organizada, e ela depende de expectativas a respeito de cada membro da organização. Lembre-se de que toda corrente tem sua fragilidade no seu elo mais fraco. Ali está o ponto de ruptura de todo esforço, a área de engarrafamento de todo e qualquer processo. Não seja você esse elo mais frágil, mas aquele que dá sustentação e apoio à corrente. E nem seja simplesmente mais um dos elos da corrente. Você precisa ser especial, ser necessário e indispensável para que a corrente possa ter força e consistência.

Uma ideia que lhe posso dar, caro jovem administrador, é tratar todos esses diferentes relacionamentos com pessoas que ocupam várias posições na empresa – superiores, subordinados, pares, além de elementos externos como fornecedores, clientes etc. – como possíveis clientes de sua atividade profissional. Para todos eles, você deve ser o fornecedor de inteligência administrativa, e não simplesmente provedor de atividade rotineira. Todas essas partes interessadas direta ou indiretamente no negócio de sua empresa fazem uma variedade de investimentos pessoais – compram, vendem, fornecem, investem ou trabalham no negócio – e, com isso, esperam retornos dos seus investimentos. Então você precisa ser o fornecedor de competências, e não simplesmente provedor de atividade rotineira. Pense muito bem em como atender às expectativas de toda essa diferenciada clientela para satisfazer a todos e ajudá-los no sentido de satisfazer suas diferentes expectativas a seu respeito. Você precisa atender ao compromisso implícito ou explícito de agregar valor aos outros por meio do seu desempenho e de sua equipe de trabalho.

Agregar valor, nesse aspecto, significa ajudar os demais a obter melhores resultados por meio de um envolvimento sutil, mas ao mesmo tempo eficaz e que contribua para o sucesso de toda a sua organização. É entregar soluções, propor ideias criativas, sugestões, novos conceitos, iniciativas, visualizar oportunidades, proporcionar inovação. Procure sempre saber do que seus clientes necessitam, quais são suas aflições e aspirações e como você pode contribuir para que eles sejam bem-sucedidos. Dê a eles aquilo que esperam de você e, com certeza, você receberá tudo isso em troca.

A necessidade de colaboração e de compromisso é tão forte que muitas empresas estão fazendo com que a remuneração variável de seus executivos dependa diretamente de como eles contribuem para o êxito de seus pares e subordinados. Assim, o presidente tem seus prêmios ou bônus anuais de acordo com a maneira com que ajudou seus diretores a alcançar seus objetivos estratégicos, e estes conforme ajudaram seus respectivos gerentes a alcançarem seus objetivos táticos. A razão? Muito simples: o trabalho de cada executivo depende totalmente do trabalho de sua equipe. Cada executivo precisa e deve ajudar sua equipe a alcançar seus objetivos e apresentar resultados. Assim, a remuneração variável funciona como um reforço positivo para que ajude continuamente sua equipe a alcançar metas e objetivos. Esse é seu papel principal. Se a equipe não conseguiu um desempenho satisfatório ou resultados esperados é porque o executivo que a conduz não a ajudou o suficiente. E quem perde não é somente a equipe, mas também aqueles que não a ajudaram como deveriam.

Como você poderia conseguir isso? Em primeiro lugar, trabalhe como um membro de equipe. Tire a palavra "eu" do seu dicionário e a substitua pela palavra "nós". Pense sempre no conjunto. Pense sempre em equipe. Se você é diretor, pense como um membro da equipe de diretoria. Se você é gerente, pense como um membro da equipe de gerentes da empresa. Se você é supervisor, deve atuar como membro da equipe de supervisores. Dê força, vibração e inspiração aos colegas de equipe e contribua para que ela se torne entrosada, capacitada e bem-sucedida. De nada adianta uma empresa possuir talentos de primeira categoria, mas que se engalfinhem continuamente em disputas internas em uma competição desvairada. Em uma situação desse tipo, a empresa passa a ser um cenário caótico e errático de esforços centrífugos e dispersantes e nunca chegará a lugar algum. A empresa necessita de espírito de equipe para se tornar realmente competitiva por meio de esforços convergentes e integrados. O mesmo acontece no esporte. Se um time de futebol composto de verdadeiras estrelas, cada qual tentando aparecer mais do que as outras, a derrota será certamente fatal. Lembra do 7 × 1 frente ao time da Alemanha na Copa do Mundo de Futebol de 2014? Uma empresa precisa cultivar o trabalho coletivo e consensual por meio do qual todos possam colaborar e contribuir para o sucesso do negócio. A união faz a força, e esse é o principal segredo da competitividade.

Em segundo lugar, faça o mesmo com sua própria equipe. Introduza o espírito de equipe e adote o *empowerment*. Delegue sempre que você puder. Descentralize o processo de tomar decisões entre os membros de sua equipe de trabalho. Permita que as pessoas façam acontecer as coisas e impulsione-as constantemente para que elas tomem iniciativas próprias, assumam cada vez mais responsabilidades e cuidem de suas atividades como se a empresa fosse propriedade delas. Além disso, acompanhe continuamente o alcance dos objetivos e os resultados obtidos. Foque nos objetivos e acompanhe os resultados alcançados.

Em terceiro lugar, construa uma cultura de excelência. Parta do princípio de que sua equipe precisa possuir todas as competências necessárias, tem alto valor e que pode alcançar níveis de qualidade, produtividade, eficiência e eficácia cada vez mais e mais elevados. Deixe sua equipe errar para que o erro se transforme em aprendizado coletivo e que seja definitivamente corrigido ou evitado. As organizações mais bem-sucedidas são aquelas que erram bastante, mas os erros são rápidos e imediatamente ultrapassados e transformados em melhor qualidade e em aprender a fazer com excelência desde a primeira vez e sem qualquer retrabalho ou correção posterior. Por outro lado, as organizações problemáticas são aquelas que podem até cometer poucos erros, mas são erros graves e definitivos escondidos sob os tapetes e que continuam a prejudicar o negócio indefinidamente, sem que ninguém se comprometa a corrigi-los. Nessas organizações, ninguém quer pôr a mão nos erros porque não há o menor interesse em melhorar. Falta nelas uma cultura de excelência.

Assim, meu caro jovem administrador, sinta-se como um verdadeiro fornecedor de competências, de inteligência administrativa e de oferta de resultados para os vários clientes internos ou externos de sua organização. Procure saber exatamente o que entregar para cada um deles de acordo com suas expectativas e necessidades, e utilize sua equipe como o meio para que isso possa acontecer. Amplie continuamente sua rede de relacionamentos e seu *networking*, pois você deve estar no centro dessa imensa cadeia de interdependências.

Adm. Idalberto Chiavenato

ACESSE A SALA DE AULA VIRTUAL CHIAVENATO DIGITAL PARA OBTER CONTEÚDOS COMPLEMENTARES E APROFUNDAR AINDA MAIS SEU CONHECIMENTO NO UNIVERSO DA ADMINISTRAÇÃO.

CARTA 5
Os grandes pulos da vida

Caro jovem administrador,

A Administração está aberta a todos os candidatos, não importam idade, raça, credo, cultura, identidade ou procedência. Eu nasci em uma pequena e linda cidade no interior do estado de São Paulo, chamada Viradouro, o nome dado ao ponto de retorno dos antigos viajantes, uma espécie de fim de linha. Eu era o caçula entre os seis filhos e tratado como o xodó da família. Tive uma infância feliz, cheia de aventuras, com direito a cachorro e tudo o mais. Gostava de andar de bicicleta ao redor da pequena cidade, quando me sentia pleno de liberdade de ação, de espaço e de movimento. Logo cedo aprendi a dirigir automóvel sentado em uma almofada para poder pôr os pés nos pedais. Quando ingressei no ginásio, passei a ajudar meu pai em mais um empreendimento local, uma loja de materiais elétricos. Ele comprava *kits* de componentes para rádios – pois não havia ainda fabricantes de rádios no país – e eu o ajudava a montá-los, lendo diagramas e soldando resistências, condensadores, bobinas de radiofrequência, transformadores, *padders*, *trimmers*, acoplando válvulas termoiônicas e coisas do tipo. Aprendi a ser um artesão no ramo. Logo fui capaz de montar meu primeiro amplificador de alta-fidelidade com uma potência sonora incrível para a época, uma empolgação. Trinta anos depois, estava montando computadores com componentes importados com meu filho Ricardo, apenas para relembrar o passado. Como minha cidade era pequena, precisei fazer o colegial em Bebedouro, outra cidade próxima. Viajava todos os dias de madrugada com a velha jardineira – um ônibus fretado pelos alunos, meus colegas e amigos incríveis – que quase sempre nos pregava peças ou enguiçava no meio da estrada. Mas voltava em tempo de dedicar a tarde ao negócio paterno. Uma vez estava cabulando aula na praça central de Bebedouro quando vários colegas de turma vieram me avisar que o diretor do colégio estava me procurando. Achei que ele havia descoberto minha evasão da classe e que "minha bola havia sido sorteada", mas me apresentei logo em seguida para dar a mão à palmatória. Contudo, ele me proporcionou uma agradável e inesperada surpresa: eu havia conquistado o primeiro lugar em um concurso da Secretaria de Agricultura do Estado sobre erosão do solo. Minhas incursões no campo agrícola até aí se limitavam apenas a ajudar fazendeiros locais amigos de família em questões de planejamento de plantio ou colheita, mas percebia o enorme dano causado pela erosão no solo em virtude do mau uso dele. Logo depois, meus pais – Marcello e Francisca – me levaram a Ribeirão Preto/SP para receber o prêmio em uma solenidade muito bonita. E, com o dinheiro do prêmio, comprei meu primeiro piano. Era o que mais me fazia falta, pois eu era o organista da igreja local e dirigia um coral de quatro vozes – sopranos, contraltos, tenor e barítonos – com 16 pessoas amigas. Tive de ensiná-las a ler música e interpretar o latim e sua correta dicção.

Além das atividades normais, passei a dedicar algumas horas da noite para melhorar minha técnica pianística, ampliar meu repertório (clássico, de preferência) e organizar uma banda com alguns amigos que tocavam flauta, violino, clarineta, trompete, trombone, saxofone e percussão. Coisa de loucos. Minha casa passou a ser o cenário de uma profusão de sons que minha mãe pacientemente ouvia e até incentivava. E, cada vez que eu tocava algumas peças no piano, ela se emocionava. Todas as vezes que meu pai viajava para São Paulo para fazer as compras da loja, ele recebia uma enorme lista de partituras para comprar. Tornei-me um razoável pianista e com uma boa bagagem de teoria e cultura musical. Meu tio preferido, Alfredo Leone, era o maestro da banda musical – na qual cheguei a tocar trompete – e me fez estudar uma enorme quantidade de livros em língua italiana sobre teoria musical, composição, orquestração, instrumentação, harmonia, contraponto etc. que ele guardava com o maior cuidado. O compêndio de orquestração era ainda da autoria do conhecido russo Nikolai Rimsky Korsakov. Velho, mas excelente. Eu era o perfeito autodidata. Continuava tocando órgão na igreja local e nosso coral já era o encanto das redondezas, principalmente em cerimônias de casamento. Era muito inquieto e sempre gostei de fazer várias coisas ao mesmo tempo.

Contudo, quando completei antecipadamente minhas notas e terminei o colegial, me sentia confinado na pequena cidade e sem perspectivas de futuro. Aí dei o primeiro grande pulo de minha vida. Com o retorno de Ilton, meu irmão mais velho, e sua família para Viradouro, seu ingresso na loja de meu pai não dava condições de ganho para todos nós. Eu tinha 17 anos de idade e tomei uma decisão corajosa: resolvi me mudar para São Paulo a fim de estudar regência orquestral. Era meu primeiro sonho. Fiz a cabeça de minha mãe para que ela convencesse meu pai. Recebi a bênção de ambos e comprei a passagem de trem de ida e volta para garantir meu retorno ao lar em caso de possível insucesso. Foi meu plano A. O alternativo, plano B, não tinha ainda sido preparado. E lá fui eu. Juntamente com dois amigos, tomamos o velho trem de Viradouro a Ibitinga e de lá para São Paulo, algo como 8 horas de viagem. Era o início do mês de novembro de 1954.

No começo, fui morar provisoriamente com parentes e, logo em seguida, em uma república de estudantes. A primeira providência que tomei foi visitar o imponente prédio do Conservatório Musical de São Paulo – hoje desgastado pelo tempo –, na Avenida São João, e realizei todos os exames vestibulares necessários para fazer o curso de regência orquestral. Passei em todos e me disseram que se quisesse estudar piano lá, já poderia entrar no 8º ano em nível de concertista. Fiquei feliz com a avaliação feita, mas eu queria mesmo era ser regente de uma grande orquestra filarmônica. Claro, depois de tocar órgão – o mais completo dos instrumentos musicais –

só basta a regência de toda uma orquestra, o que só seria possível a partir do ano seguinte. E ali mesmo observei que a maior parte dos professores que me examinaram não exalava sucesso ou virtuosismo. Eu não queria ser apenas um músico mediano ou medíocre. Fiquei decepcionado. Subitamente, caí na real: esse não parecia ser o melhor caminho para meu futuro. Foi quando dei o segundo grande pulo de minha vida. Achei que investiria tempo e esforço para me tornar apenas um pianista, provavelmente de cabaré ou de boate. Resolvi, ali mesmo, abandonar o sonho de uma possível carreira musical.

No entanto, logo que cheguei a São Paulo, meu primo, Jader Poeta Lopes, me arranjou um emprego como menor aprendiz na Cinzano, empresa em que ele trabalhava, mas como eu tinha boa caligrafia, logo fui responsável pela emissão manual de notas fiscais.

Uma vez que o fim do ano já estava próximo, procurei aproveitar o tempo disponível para me preparar para o vestibular. Tinha uma vontade férrea de me dedicar a alguma carreira. Mas qual? Um caipira que chega à capital vindo do interior nem sempre tem a orientação adequada sobre alternativas profissionais disponíveis. Foi por essa razão que mais tarde escrevi um livro sobre carreira e competência como orientação profissional para quem fica na dúvida sobre a maneira de planejar sua carreira. A oportunidade que surgiu pela frente foi tentar ingressar na Faculdade de Filosofia, Ciências e Letras da Universidade de São Paulo, a USP. Era a denominação da atual Faculdade de Educação daquela importante universidade. O *campus* ficava na rua Maria Antonia, perto da Rua da Consolação, atrás da Faculdade de Economia da USP. Ao analisar o programa dos exames vestibulares, enfrentei o primeiro problema: não tinha mesada nem dinheiro suficiente para fazer um cursinho preparatório, tampouco para comprar os livros necessários. Optei por me tornar um assíduo visitante da biblioteca da Faculdade de Economia e da Biblioteca Municipal na Rua da Consolação. Além disso, procurei melhorar ainda mais meu inglês, francês e espanhol.

Tornei-me um verdadeiro "rato de bibliotecas" e fiquei amigo dos funcionários que nelas trabalhavam. Percebi na época que todos eles tinham vários anos de casa.

Seu trabalho era apanhar os livros nas estantes para entregá-los aos leitores e, depois, retorná-los às prateleiras. Assim, manuseavam livros, tropeçavam nas obras, pisavam no conhecimento, mas não tinham vontade ou interesse algum de abrir um texto para estudar e aprender, apesar de todo o tempo disponível e das constantes oportunidades. Compreendi que estudar e aprender depende fortemente da motivação interna de cada pessoa e da vontade de crescer profissionalmente. Percebi também que é preciso aproveitar todas as oportunidades possíveis para aprender e aumentar o conhecimento. Ao cabo de 2 meses de intensa preparação, passei nos vestibulares e o curso de Pedagogia e Filosofia da USP me ofereceu excelentes professores que marcaram fortemente minha formação profissional.

Quando chegou o mês de dezembro, uma amiga conseguiu para mim um emprego melhor no Lanifício Santista, uma unidade fabril do Moinho Santista do grupo Bunge y Born, por meio de uma indicação de amigos. O gerente de pessoal pareceu ter gostado de mim e me empregou como auxiliar de escritório, apesar de ainda ser menor de idade. Mal sabia ele que 15 anos depois seria meu aluno em um curso avançado de Recursos Humanos (RH). Minha sorte foi que, quando completei 18 anos, passei ao salário mínimo de maior de idade. Logo depois, a empresa contratou um consultor inglês para assuntos de tecnologia têxtil e adoção de novas técnicas de gestão na área de fiação e tecelagem. O consultor não falava nossa língua, e eu fui escolhido para ser o intérprete e seu assistente. Com isso eu passei a cuidar da programação e do controle de produção de toda a fábrica. Era complicado, pois tinha de agendar e programar a produção de mais de 500 produtos diferentes e resolver os infindáveis problemas de manutenção de máquinas e equipamentos, tudo com uma pequena maquininha de calcular da época. Além de tudo, eu ainda praticava piano em casa de parentes e amigos nas horas vagas.

Logo depois, meu salário melhorou e com mais dois colegas de Viradouro alugamos um pequeno apartamento no centro de São Paulo. O proprietário do apartamento, um general da reserva, ficou impressionado com o vigor dos três jovens inquilinos que foram à sua casa e aceitou nossa proposta de aluguel.

Fui aprovado nos vestibulares e, a partir daí, dediquei-me à Pedagogia e fiz um curso de extensão universitária em Psicologia Educacional. No segundo ano da faculdade, um grupo de pessoas fez uma apresentação à classe sobre um concurso público para a Divisão de Psicologia Aplicada em uma entidade municipal de São Paulo. Colhi informação sobre o material a estudar e acabei conquistando o segundo lugar no concurso. O primeiro colocado foi reprovado no exame médico. Assim, deixei o Lanifício Santista e me tornei auxiliar de psicotécnico aos 20 anos, chegando a psicotécnico dois anos depois. No final do curso, a faculdade foi transferida para a Cidade Universitária, onde recebi até um convite para permanecer como professor auxiliar de Psicologia Educacional na USP, mas logo descartei. Tinha melhores opções pela frente. A cultura humanista proporcionou-me uma nova visão das pessoas e do mundo.

Foi o terceiro grande salto de minha vida: deixei a Filosofia e a Educação de lado para me dedicar à Psicologia Aplicada. De início, comecei trabalhando com testes sensoriais básicos sobre tempo de reação, limiar de percepção, visão de profundidade e aspectos comportamentais elementares do ramo na divisão de Psicologia Aplicada. Depois, dediquei-me a testes de aptidões e de inteligência. Mais adiante, passei para testes projetivos e expressivos de personalidade. Passei a frequentar a Sociedade Rorschach de São Paulo e a importar livros do exterior que me dessem subsídios para ampliar meus conhecimentos. A literatura em português era escassa e insuficiente. Para fazer algumas pesquisas, fui estudar Estatística Dedutiva e Indutiva em livros norte-americanos para tentar avaliar a correlação entre os resultados dos vários testes de personalidade – Rorschach, Teste de Apercepção Temática (TAT), Szondi, Psicodiagnóstico Miocinético (PMK)

CARTA 5 – Os grandes pulos da vida 53

de Mira y López e outros – que aplicava em amostras significativas de candidatos. Com isso, cheguei a ensinar Estatística como professor em um colégio da capital.

Foi nessa época que fui convidado a trabalhar com Pierre Weil – um psicólogo social que eu admirava muito e que me ajudou a migrar da Psicologia Individual para a Psicologia Social e, em seguida, para a Psicologia Organizacional – no Banco da Lavoura de Minas Gerais, como subchefe do Departamento de Orientação e Treinamento, com base em São Paulo. Depois de uma longa entrevista com ele, aceitei, em termos, o convite, mas ao pedir demissão da Divisão de Psicologia Aplicada, o pedido não foi aceito. Não queriam abrir mão do meu trabalho. Ao comunicar ao professor Weil, ele também não abriu mão de minha contratação. Após uma razoável dose de negociação, ficou finalmente acertado por ambas as partes que eu trabalharia em ambos. Assim, das 7h até às 13h, eu passei a trabalhar na Divisão de Psicologia Aplicada, e das 13h às 19h, no Departamento de Orientação e Treinamento do banco. Além disso, das 19h às 23h, cursava a faculdade. Coisa de louco. Nos finais de semana, eu desmaiava na cama.

O banco tinha uma elevada taxa de rotatividade de pessoal e a diretoria queria reduzir suas consequências – não necessariamente suas causas –, no sentido de criar uma reserva de funcionários recém-contratados, treinados e disponíveis para ocupar de imediato as vagas que se sucediam continuamente. Passei a cuidar do recrutamento, da seleção e do treinamento de contingentes de pessoas habilitadas a trabalhar nas várias agências do banco. Reunimos uma equipe de profissionais antigos da casa – os chamados inspetores – que seriam os instrutores e criamos uma agência modelo para o treinamento intensivo. Logo em seguida, o banco comprou um conhecido hotel de Belo Horizonte para nele criar uma escola de gerentes. A nova política do banco era transformar os antigos gerentes de burocratas internos em gestores de relacionamento com os clientes e com uma nova visão mais dinâmica de mercado e do negócio do banco. Os novos gerentes, agora capacitados, passariam a sair das paredes de suas salas para entrar em contato direto e intensivo com os clientes. O alvo era aumentar e manter a clientela do banco, bem como oferecer um serviço cada vez melhor e mais próximo do cliente. O foco estava saindo do trabalho interno do gerente para se situar no relacionamento com o cliente.

Foi nessa ocasião que fui convidado a trabalhar como gerente do Departamento de Seleção e Treinamento da Listas Telefônicas Brasileiras (LTB), uma empresa norte-americana que representava no Brasil a organização Yellow Pages. Tinha 24 anos de idade e foi uma experiência incrivelmente rica, que me proporcionou o quarto grande pulo de minha vida. Deixei de ser um explorador e investigador, de um lado, e treinador, de outro, para começar a ser um executivo de empresa. Ajudei a criar uma das melhores equipes de vendas de produtos abstratos: inserções em páginas de listas telefônicas. Além disso, ajudei a criar um programa de treinamento (com 96 horas de duração) que era seguido de atividades de aplicação prática em campo sob avaliação intensiva de supervisores experimentados e focada em metas e resultados a alcançar. Somente após essa experiência governada é que os treinandos se tornavam vendedores da companhia. Esse foi um programa de *coaching* de primeira que foi rapidamente copiado e imitado pelo mercado. Nessa época, já havia terminado meu curso de Pedagogia e Filosofia da USP e logo fiz o curso de Direito na Universidade Mackenzie, no sentido de impulsionar ainda mais minha carreira empresarial. Logo depois até comecei um curso de pós-graduação na Faculdade de Direito da USP, no Largo São Francisco, mas o abandonei no terceiro mês. Não era essa a carreira que me interessava.

Com a morte de Ricardo Rego Freitas Toledo – meu chefe, amigo, *coach* e mentor –, fui convidado a substituí-lo como o Consultor de RH para todo o grupo empresarial – envolvendo listas telefônicas do Brasil, de Portugal, da Holanda, uma fábrica de papel, uma gráfica de grande porte, uma tecelagem, uma fábrica de autopeças e outros empreendimentos menores do grupo. Passava a maior parte do tempo no aeroporto ou no avião. E ali aconteceu o quinto grande pulo de minha vida: deixei de ser um executivo para me tornar um consultor interno e membro do Conselho Consultivo da organização. Meu trabalho era organizar, coordenar e impulsionar o trabalho dos gerentes de RH das diversas empresas do grupo. Para abastecer os planos de expansão do grupo, precisávamos preparar gerentes regionais para cobrir todo o território nacional. A solução foi fazer um convênio com a Escola de Administração de Empresas de São Paulo da Fundação Getulio Vargas (EAESP/FGV) para desenvolver um inovador programa de *trainees* de ultimoanistas devidamente coordenado e intensamente avaliado. E lá na FGV fiz minha pós-graduação em Administração de Empresas. Ao ingressar como participante da Associação de Ex-Alunos da FGV, o então presidente me convidou a preparar e ministrar para os colegas um curso de tempo integral sobre Administração de RH. Foi uma novidade na época. Precisei reunir tudo o que sabia para catalogar e preparar o material de ensino, o que me levou a pesquisar o que se fazia nas melhores empresas do exterior. Quando a LTB perdeu o contrato com a Telefônica, ela simplesmente encerrou suas atividades no Brasil e meu contrato de trabalho também foi rescindido juntamente com todos os demais funcionários.

Com a ajuda de um amigo, ex-graduado pela FGV, José Maria Carrión Rosique, montamos paralelamente uma empresa de consultoria em organização de empresas. A empresa durou dois anos e meio até o retorno de José Maria para a Espanha, terra natal de seus pais, mas me proporcionou enorme experiência profissional no campo da consultoria empresarial. Nessa mesma etapa, tive uma rápida vivência como *headhunter* em uma empresa – Executives –, que me abriu os olhos para a comunidade empresarial de todo o nosso país.

Depois de uma rápida passagem pela Goodyear como Salary Administration Manager, fui convidado a trabalhar como consultor de RH para um grupo italiano de empresas no Brasil, a Montecatini Edison. Em pouco menos de dois anos, criamos a área de RH de todas as empresas associadas, implantamos uma moderna fábrica de produtos cerâmicos em Camaçari, na Bahia, e a pusemos em atividade normal em um projeto do tipo *turn-key*. Eu cuidava de uma grande equipe de apenas cinco pessoas analistas de RH. Em um tempo limitado a três minguados meses, conseguimos recrutar, selecionar, treinar e posicionar algo como mais de 1.800 operários para iniciar o funcionamento de uma fábrica de tecnologia de ponta, apesar de bater de frente com os engenheiros italianos que traziam a nova tecnologia, mas que tinham um modelo diferente de gestão e de trabalho. Fizemos um verdadeiro milagre. Suamos muito, mas nosso trabalho foi muito bem-sucedido e reconhecido. No final, fui convidado oficialmente a permanecer ali como diretor industrial da fábrica. Mas esse não era meu objetivo e voltei para São Paulo com minha pequena grande equipe, pois já tinha sido convidado para trabalhar na Brinquedos Estrela.

Nessa época, além da atividade empresarial, comecei a dar aulas em várias universidades. O problema maior: não havia literatura disponível em português. Precisei pesquisar e redigir apostilas. Tinha uma excelente biblioteca, uma máquina elétrica de escrever, facilidade em redigir e um dedilhado fácil graças à experiência pianística. Tudo isso ajudou. Ao cabo de alguns anos, as apostilas viraram um livro – *Administração de Recursos Humanos* –, que foi posteriormente lançado no mercado em 1976, pela Editora Atlas. Pouco antes disso, eu lecionava também a cadeira de Introdução à Administração em outra faculdade. Achava que o conteúdo da cadeira era eminentemente operacional, técnico e limitado a ensinar a fazer, e não a pensar. Ou seja, muitos ensinamentos técnicos e poucos conceitos básicos. Fiz várias apostilas que, ano a ano, eram melhoradas e ampliadas continuamente, e ao final de alguns anos, essas apostilas se transformariam em outro livro, publicado pela Editora McGraw-Hill, que denominei *Teoria Geral da Administração*. Por que o nome "teoria geral"?

É que, quando estudei Direito, fiquei impressionado com a cadeira de Teoria Geral do Estado pela sua abrangência e amplitude e achei que a denominação "geral" poderia ser aplicada às várias teorias administrativas que tratavam de diferentes abordagens da Administração. Não havia nada parecido no mercado nem no mundo. Quando levei o material à Editora Atlas, o diretor editorial de plantão não gostou da estrutura do livro e pediu uma enormidade de mudanças. Desgostoso, peguei de volta o enorme pacote de papel datilografado e o levei de volta para casa. Logo depois, em 1978, a McGraw-Hill me convidou a editá-lo em forma de livro em dois volumes que posteriormente condensamos o conteúdo e fizemos mais outro com o título de *Introdução à Teoria Geral da Administração*, em apenas um volume. Assim, o termo TGA pegou. O fato é que o título do livro se tornou o nome de uma cadeira nos cursos universitários de Administração. Não se falava em Teoria da Administração, mas em TGA. Logo depois, tanto a TGA quanto o RH foram publicados em língua espanhola e passaram a ser amplamente utilizados em universidades estrangeiras. Sem querer, passei a ser conhecido em toda a América Latina, em Portugal e na Espanha. Uma verdadeira empolgação. Não esperava tanto nem esperava me transformar em um escritor. Este foi o quinto grande pulo de minha vida: a iniciação como autor na literatura administrativa.

Foi a época em que fui convidado a trabalhar na Brinquedos Estrela, uma empresa conservadora na estrutura, mas inovadora em seus produtos. Ingressei como gerente de RH – uma posição nova – para poder municiar a empresa daquilo que ela mais necessitava: uma cultura inovadora e uma estrutura organizacional mais dinâmica. A empresa havia negociado com a IBM um computador tipo System/360, o mais atualizado da época. A primeira incumbência foi ajudar a transferir todas as operações possíveis para a nova tecnologia, principalmente a folha de pagamentos. Fiz um curso da IBM no Rio de Janeiro e, terminada a implantação prioritária, passei a gerente de marketing, em cuja função meu primeiro trabalho foi analisar os mais de 500 produtos diferentes oferecidos pela empresa. Demonstrei que quase 40% deles eram deficitários e reduziam fortemente o lucro do negócio. Foi uma mudança radical no portfólio e a empresa ganhou muito com isso. Contudo, com o aumento das reivindicações sindicais e as incursões de Lula na porta das nossas fábricas, além das ameaças de greves, fui promovido a diretor de RH.

Nessa ocasião, fui convidado pela EAESP/FGV a lecionar a cadeira de Administração de RH em contraposição ao que se costumava fazer tradicionalmente na escola: ensinar apenas legislação trabalhista aplicada. Passei a lecionar como professor de várias faculdades e, graças à FGV, tive a oportunidade de fazer um curso de mestrado (*Degree Master of Science in Education – Administration*) na City University of Los Angeles (CULA), na Califórnia. A FGV tinha bons professores, mas poucos mestres. Na Califórnia, tive excelentes professores que se tornaram amigos. Assim, minha tese de mestrado transformou-se em um novo livro: *Administração contingencial*, que depois foi modificado para *Administração: teoria, processo e prática*. Como a Editora McGraw-Hill resolvera sair do mercado brasileiro, a Makron Books, sua sucessora no Brasil, editou o livro, com uma nova visão do processo administrativo nos três níveis da organização. Pouco tempo depois, outra nova oportunidade: fazer doutorado. Enquanto os demais colegas preferiam University of Michigan (UM), Harvard University, Stanford University, University of Pennsylvania, Massachusetts Institute of Technology (MIT), fiquei com a CULA, coisa de brasileiro que gosta de clima tropical e de uma bela praia nos fins de semana. A tese de doutorado (*Degree Doctor of Philosopy: Science of Business Administration*) transformou-se em novo livro. Sem querer, comecei a produzir livros, coisa que não constava de meus propósitos ou sonhos. Na verdade, percebi que, compor um livro tem alguma semelhança – embora remota – com compor uma obra musical. Você precisa utilizar a melodia, a harmonia, o estilo, o ritmo, a cadência etc. Trata-se de uma construção de sons – composição e orquestração – que se assemelha muito a uma construção ordenada de ideias e conceitos. A estrutura básica não muda muito. Na verdade, ao deixar a música de lado, não abandonei suas raízes mais profundas e a Administração serviu de modelo para essa construção mental.

No entanto, a grande virada, o grande pulo de minha vida, aconteceu quando me casei com Rita – uma criatura maravilhosa que penetrou em todos os meus poros e habita em todos os meus pensamentos. Uma beleza interior (e que cabeça e espírito) que nada fica a dever para sua beleza exterior. Não sei se foi Deus que me brindou com um presente tão rico e inesperado, pois fico duvidando até hoje se estou merecendo tamanha gratificação. Dessa maneira, minha vida passou por uma mudança incrível – para melhor, obviamente. Foi o sexto e maior pulo de minha vida: deixei quase tudo o que carregava inutilmente para trás e passei a me dedicar inteiramente a ela. E ela deu-me o troco à altura: passou a incentivar, estimular, sugerir, orientar, criticar, ajudar e assessorar em todas as minhas atividades. Em meu trabalho, comparo-a a uma verdadeira locomotiva – se não está à frente puxando o vagão (que sou eu), ela está atrás empurrando. E saia da frente! Isso explica o porquê de eu consegui escrever tantos livros. É por todas essas coisas que dedico fielmente todos os meus livros a ela.

Depois de quase duas décadas equilibrando meu trabalho na Brinquedos Estrela escrevendo livros e atuando no ensino acadêmico, preparei a empresa para uma verdadeira reengenharia. O governo Collor havia subitamente aberto as importações e eliminado os elevados impostos de importação, que, no caso de brinquedos, beirava os 65%. O mercado interno era um verdadeiro mercado cativo e fechado. As empresas brasileiras do ramo se acostumaram à modorrenta competição interna e não estavam preparadas para esse choque de abertura súbita. Os produtos chineses que aqui chegavam tinham preços menores do que os insumos necessários para produzi-los em nossas fábricas. Tentei explicar aos acionistas da empresa que não dava para competir com produtos estrangeiros, sobretudo chineses, em igualdade de condições. Em vez de lutar contra o inimigo mais forte e feroz, era muito melhor explorar suas forças e utilizá-las a nosso favor – exatamente como se faz em lutas marciais japonesas nas quais se usa a força do inimigo para retroagir contra ele próprio. O segredo estava em importar produtos chineses e ganhar com isso em vez de deixar que os concorrentes o fizessem, ou seja, transformar a enorme fábrica em um enorme galpão de produtos importados. Em paralelo, criar uma linha popular de produtos para explorar o mercado C e D, até então inexplorado. Isso era inimaginável para os acionistas da empresa, que estavam ainda acostumados a uma visão elitista, conservadora e ultrapassada de negócios. Nem de longe pensavam nisso. Atendendo às decisões dos acionistas, a primeira tentativa foi enxugar a empresa e prepará-la para uma competição inglória e desigual, coisa de Davi e Golias. Foi um trabalho de reengenharia, mas não no sentido de torná-la competitiva, e sim de apenas reduzir custos operacionais. Feito isso, desliguei-me da empresa por não estar de acordo com a decisão dos acionistas de tentar se manter no mercado sem alterar sua estratégia empresarial. E não deu outra: Golias acabou ganhando e a empresa teve de ser "entregue de bandeja" para outras mãos, que passaram a fazer exatamente o que eu recomendara.

Com a dedicação a consultorias, palestras e conferências não pude mais continuar como professor, pois as viagens eram constantes e impediam minha assiduidade às aulas. Deixei a FGV e deixei de ser vice-diretor em uma universidade e chefe de departamento em outra, pois meus compromissos com assessoria a empresas, participação em congressos e apresentações em palestras não mais permitiam ter horários fixos em universidades. Era muito desagradável faltar às aulas e aos constantes compromissos. Apesar disso, continuei como professor convidado em várias universidades no exterior. Em contrapartida, fui eleito conselheiro do Conselho Regional de Administração de São Paulo (CRA-SP), depois, conselheiro do Conselho Federal de Administração (CFA) e, agora, novamente conselheiro do CRA-SP. Fui admitido na Cadeira 17 da Academia Brasileira de Ciência da Administração (ABCA). Nessa ocasião, vieram outros livros dedicados a comportamento organizacional, empreendedorismo, planejamento estratégico, Administração para todos, além de livros de iniciação à Administração e outros de abordagem introdutória à gestão financeira, da produção, de materiais, de vendas etc. Foram mais de 40 livros, boa parte deles traduzidos no exterior. Recebi muitas homenagens pela dedicação à Administração, como uma comenda da Associação Brasileira de Recursos Humanos (ABRH), além de três títulos de *Doutor Honoris Causa* concedidos por universidades estrangeiras.

E aí veio o sétimo grande pulo de minha vida: tornei-me um educador institucional e passei a me dedicar à educação corporativa, à formação de administradores, a ajudar na criação de uma elite de excelência destinada a transformar nossas organizações e empresas em entidades excelentes. É disso que nosso país precisa para se tornar uma nação altamente competitiva, e a Administração é fundamental para que isso aconteça.

Graças ao meu querido filho, Ricardo Chiavenato, fundamos juntos o Instituto Chiavenato de Educação, uma instituição educacional em constante dinamismo, movimento, mudança e transformação destinada a compartilhar e divulgar os progressos na Administração. Sua missão é ensinar a moderna Administração e disponibilizar conteúdo, conceitos, ideias, experiências, *cases* de sucesso e material para professores e estudantes. Afinal, servir à pátria nada é mais do que isto: contribuir para que nossos cidadãos se tornem bons administradores.

Toda essa longa trajetória – aparentemente caótica e mutável e sem uma cadeia previamente definida – me permitiu angariar e reunir uma multiplicidade de vivências e experiências que enriqueceram minha vida – tanto pessoal quanto profissional: Filosofia, Psicologia, seleção, treinamento, RH, magistério, consultoria.

E o próximo grande pulo de minha vida? O oitavo? Garanto que contarei a você, caro jovem administrador, na próxima oportunidade, assim que ele vier a acontecer.

Adm. Idalberto Chiavenato

CARTA 6
A "caixa de ferramentas" do administrador

Caro jovem administrador,

Nunca se esqueça de que a empresa é um ser vivo e dinâmico, em contínuo desenvolvimento e transformação. Cada empresa passa por um ciclo vital, uma espécie de ciclos de vida em um fluxo incessante. Ela nasce, se desenvolve quando bem-sucedida, cresce, expande, passa por circunstâncias difíceis e pode até morrer. Não a veja nunca como uma máquina constituída de engrenagens e arruelas. Ela não é um sistema fechado nem físico ou concreto, apesar dos prédios e das instalações físicas. Não veja sua empresa como um simples conjunto articulado e integrado de ativos tangíveis, ou seja, de recursos físicos, materiais e financeiros apenas. Sua empresa não é unicamente um simples artefato ou uma coisa física feita somente de componentes materiais. Ela não é só um prédio, edifício ou local físico onde as pessoas trabalham. Ela é muito mais do que isso. Ela tem um DNA oculto e que você precisa desvendar e compreender. Na verdade, a empresa deve ser vista como um conjunto de recursos e de competências sempre prontas, atualizadas e disponíveis para serem aplicadas à primeira oportunidade que surja pela frente, antes que os concorrentes o façam. Isso requer muitos e vários cuidados de sua parte.

Em primeiro lugar, compreenda que os recursos físicos, materiais e financeiros são fundamentais e imprescindíveis, mas eles são estáticos, inertes, sem vida ou inteligência própria. Eles são importantes e indispensáveis, mas não chegam a constituir a alma de sua empresa. Constituem apenas a infraestrutura, a base de operações ou a plataforma para permitir que a empresa alcance resultados melhores. No entanto, não são eles os causadores do sucesso empresarial. Se não existirem recursos suficientes, o sucesso não será alcançado. Mas se existirem, eles precisam de algo que os dinamize, aplique e opere, já que são estáticos e inertes. São fatores críticos do sucesso, mas não são os causadores dele. O sucesso empresarial depende de competências capazes de operar os recursos disponíveis e transformá-los em resultados concretos.

Em segundo lugar, compreenda que as competências constituem o núcleo central da atividade empresarial e são indispensáveis para o sucesso da empresa. Mas onde estão as competências? Onde elas estão escondidas? A resposta é muito simples: elas estão localizadas nas cabeças das pessoas que trabalham em sua empresa. Elas tiveram (tiveram mesmo?) oportunidades de aprender, transformar o conhecimento aprendido em habilidades e incrementá-lo com atitudes pessoais que lhes permitem (permitem mesmo?) melhorar seu trabalho, atingir níveis mais elevados de qualidade e produtividade, alcançar resultados cada vez mais altos e, sobretudo, contribuir eficazmente para o sucesso de sua empresa. O administrador é a pessoa que permite – ou que impede – que as pessoas aprendam competências individuais a partir de conhecimentos e habilidades construídas na base de suas experiências pessoais. As competências essenciais de uma empresa nascem a partir das competências individuais que, em seu conjunto integrado, formam um universo de conhecimentos, habilidades e atitudes positivas e inovadoras.

Trabalhar com recursos é relativamente fácil. Eles são físicos, concretos, visíveis e palpáveis. Você pode pô-los em qualquer lugar. São agentes passivos que não fazem malcriações ou reclamações nem mudam de ideias ou comportamentos. Assim, são altamente previsíveis e podem ser programados. Porém, trabalhar com competências é bem mais complicado. Primeiro porque elas são invisíveis e intangíveis, nem sempre estão no lugar onde se imagina que estejam. Muitas empresas ainda não sabem exatamente onde as suas estão localizadas. Se as empresas cuidassem dos ativos financeiros da mesma maneira como tratam suas competências, certamente o mercado de capitais estaria reclamando firme ou pondo seus investimentos em outro negócio. Além disso, não dá para mensurar ou medir a real dimensão das competências. E o mais importante é que as competências são os agentes ativos da melhoria contínua, do aperfeiçoamento, da criatividade, da excelência e da inovação empresarial. Você precisa urgentemente aprender a lidar com competências, saber utilizá-las e aplicá-las de maneira eficiente e eficaz – tanto suas competências como administrador quanto as competências individuais das pessoas que trabalham em sua equipe. Esse é o lado intangível da Administração. Aliás, a moderna Administração está carregadíssima de conceitos abstratos e intangíveis. Você já viu o mercado, já tocou na estratégia, já mexeu na produtividade, ou chegou a bater no desperdício ou apertar as mãos da eficácia? O bom administrador trabalha quase sempre com conceitos intangíveis. Eles constituem seu "ferramental" de trabalho, sua "caixa de ferramentas", se é assim que se pode falar. Diferentemente de outras áreas – como a engenharia, por exemplo –, o administrador lida com situações abstratas, à medida que vai subindo na hierarquia da empresa. No nível operacional, esse ferramental é mais chegado ao imediato, concreto e material. No nível intermediário ou tático, o ferramental se torna gradativamente mais intangível até encontrar o máximo de abstração no nível institucional ou estratégico da empresa. Se você quiser chegar logo ao nível superior da empresa, comece logo a preparar sua mente para a crescente abstração do mundo dos negócios. Aqui você falará de mercado, estratégia, concorrência, clientela, insumos, recursos e uma infinidade de "coisas" que nunca viu ou verá nem terá uma ideia clara e objetiva do que são.

E o que está incluído nessa caixa de ferramentas do administrador? Vamos imaginar com um exemplo cotidiano. Se você fosse um mecânico profissional, sua caixa de ferramentas deveria ser formada por martelos de vários tamanhos, chaves de fenda de diversos tamanhos, alicates de vários tipos, fios, instrumentos, parafusos etc. Como mecânico, você escolheria o tamanho certo de sua chave de fenda dependendo do tamanho do parafuso a ser apertado. Para cada parafuso, uma chave de fenda adequada. Para cada atividade, o instrumento mais indicado, certo? A eficácia do mecânico em seu trabalho irá depender diretamente da maneira como ele compõe sua caixa de ferramentas e de como sabe utilizá-la nas várias situações de trabalho. Se ele não incluir nela um alicate adequado, não pode cortar determinado fio e, assim, fica impedido de construir um circuito elétrico ou realizar um trabalho. Para ele, a caixa de ferramentas é um meio imprescindível para poder realizar seu trabalho.

Da mesma maneira, a caixa de ferramentas do administrador também precisa ter um instrumental diversificado com várias opções de tamanhos, dimensões ou características, cada qual adequado para a natureza do problema a ser resolvido, da necessidade a ser satisfeita ou da carência a ser corrigida. Para cada problema, uma solução adequada por meio do ferramental adequado. Para cada situação, uma modalidade de ferramental. Contudo, a caixa não pode ser utilizada apenas para resolver problemas imediatos ou apagar incêndios. Ela precisa também ser útil na criação de novas modalidades de trabalho, na inovação em termos de produtos, serviços, métodos, processos e formatos de negócios, cada qual requerendo uma ferramenta que o administrador deverá escolher e utilizar dentro de sua apreciação e avaliação pessoal. O segredo não está propriamente na caixa de ferramentas em si, mas na habilidade do administrador em analisar e diagnosticar a situação e saber qual ferramental utilizar adequadamente. No entanto, sem a caixa de ferramentas você ficará totalmente desprovido de meios para trabalhar, ficará completamente sem a roupa para sair.

Vamos imaginar algumas situações simples. Se você fosse um supervisor, digamos, de vendas, com vários vendedores em sua equipe de trabalho, como você organizaria sua caixa de ferramentas? Em primeiro lugar, o supervisor deve cuidar de sua equipe. O trabalho do supervisor é executado

CARTA 6 - A "caixa de ferramentas" do administrador

por intermédio de sua equipe, e não pessoalmente por ele. A equipe é a executora de suas decisões cotidianas. Por meio dela o supervisor pode ser bem ou mal sucedido em seu trabalho. Assim, as ferramentas básicas para o supervisor de vendas estão relacionadas diretamente com a supervisão de sua equipe: selecionar, treinar talentos e liderar talentos, comunicar-se, motivar, avaliar continuamente o desempenho, monitorar resultados, gerir conflitos, negociar, recompensar etc. Dependendo da avaliação da situação, o supervisor escolhe as ferramentas que julga mais adequadas. Um supervisor pode privilegiar o treinamento, enquanto outro pode escolher a liderança como a ferramenta principal. Mas nesse nível a ênfase é nitidamente operacional. A abordagem se concentra na gestão da execução das tarefas ou das operações cotidianas da equipe. Os objetivos envolvidos são de curto prazo: vendas em dias, semanas ou no mês corrente. O supervisor se concentra em metas e procura marcar gols sempre que possível. Em outras palavras, o administrador posicionado no nível operacional precisa utilizar um ferramental, obviamente, mais simples e focado em ações mais próximas, imediatas e elementares.

Vamos imaginar outra situação. Se você fosse um gerente comercial com vários supervisores de vendas subordinados diretamente a você, seu nível seria mais elevado na estrutura organizacional da empresa. Nesse caso, como você montaria sua caixa de ferramentas? Quase sempre, as ferramentas básicas para o gerente comercial estão relacionadas com sua equipe de supervisores, e isso inclui – em um nível mais elevado – as mesmas ferramentas de cada supervisor e agrega outras ferramentas mais sofisticadas, como planejar, organizar, dirigir e controlar as operações do departamento ou da unidade organizacional como um todo. A ênfase é tática. A abordagem se torna mais abrangente e se concentra no desempenho departamental. O gerente, de maneira habitual, está focado em um horizonte de tempo mais estendido. Os objetivos envolvidos são de médio prazo: coisa de meses, semestres ou o ano corrente. Assim, o administrador posicionado no nível intermediário ou tático precisa utilizar um ferramental mais complexo e focado em ações mais amplas e em dimensões maiores de tempo. Sua caixa de ferramentas não necessita ser maior em termos de tamanho, mas suas ferramentas são mais amplas, avançadas e sofisticadas.

Agora, e se você fosse o diretor comercial da empresa, com vários gerentes comerciais subordinados diretamente a você? Como você montaria sua caixa de ferramentas? As ferramentas básicas do diretor estão relacionadas com sua equipe de gerentes, e isso inclui em um nível mais elevado as mesmas ferramentas de cada gerente e agrega outras ferramentas ainda mais sofisticadas, como planejamento estratégico da empresa, desenho organizacional, direção-geral, competitividade e sustentabilidade do negócio. Nesse nível, a ênfase é estratégica e focada no negócio. A abordagem se concentra no desempenho da empresa como um todo. Ela é global e institucional. Os objetivos são de longo prazo: alguns anos pela frente em um horizonte estratégico repleto de planejamento de cenários futuros. Dessa maneira, o administrador posicionado no nível institucional ou estratégico precisa de um ferramental bem mais complexo e focado em ações mediatas, complexas e abrangentes. Note bem, a caixa de ferramentas não precisa ser necessariamente de um tamanho maior, mas de uma abstração crescente e abrangência maior envolvendo a empresa como um sistema global imerso em um mercado competitivo. Não é o tamanho da caixa que vale, mas seu conteúdo e sofisticação.

E agora posso lhe perguntar, meu jovem administrador: como você está montando e organizando sua caixa de ferramentas? E como você está se preparando para utilizá-la? Lembre-se: sem ela você estará completamente desaparelhado para trabalhar. Ela é seu instrumental de trabalho, mas um instrumental invisível que aparentemente não aparece para os outros.

E, por fim, uma pergunta final: onde você deve levar sua caixa de ferramentas? Como deverá portá-la? Em que lugar deverá colocá-la? A resposta é muito simples e até mesmo risível: ela deve estar sempre na sua cabeça. Não em cima dela, como se carregavam jarros de água no passado, mas dentro dela. Na verdade, sua caixa de ferramentas é intangível, invisível, abstrata, conceitual, teórica, cheia de experiências, ideias, modelos. Contudo, por mais complicada que seja, ela sempre pode caber perfeitamente em sua cabeça. As ferramentas de um administrador são, na grande maioria, conceitos, teorias, ideias, modelos que ele incorpora de maneira consciente ou inconsciente a partir de suas atividades e experiências profissionais. No fundo, sua caixa é o que eu chamo de memória arquivada: um imenso repositório mental de estudos, aprendizagem, experiências que você vem construindo ao longo de sua preparação universitária e de sua carreira profissional – algo muito pessoal que você vai construindo ao longo do tempo.

Isso me faz lembrar Kurt Lewin, o célebre criador da Psicologia Social que dizia que nada é mais prático do que uma boa teoria. Seja sempre pragmático e focado em resultados, mas lembre-se de que a teoria é importantíssima e pode lhe proporcionar uma base de entendimento e compreensão da realidade concreta. Abstração é fundamental para você ter uma ideia de como a realidade funciona, mas não se esqueça de que a teoria somente é útil quando é capaz de proporcionar uma adequada compreensão do mundo real e da situação a ser enfrentada. Essa é sua munição, sua arma nesta luta que é a busca constante e sustentável de vantagem competitiva que somente o bom administrador pode oferecer à sua empresa. Cuide bem de sua caixa de ferramentas, tenha ela sempre atualizada e organizada. É com ela que você trilhará seu futuro profissional.

Adm. Idalberto Chiavenato

ACESSE A SALA DE AULA VIRTUAL CHIAVENATO DIGITAL PARA OBTER CONTEÚDOS COMPLEMENTARES E APROFUNDAR AINDA MAIS SEU CONHECIMENTO NO UNIVERSO DA ADMINISTRAÇÃO.

CARTA 7
Seja um estrategista, e não um simples operador

Caro jovem administrador,

Em sua última carta, você se queixou das dificuldades e dos desafios em atuar como administrador. Nossa profissão é realmente muito complexa e variada, e, para ser bem-sucedido nela, nunca pense pequeno nem fique somente nos detalhes. Eles podem até ser importantes, mas precisam ser entendidos e visualizados como partes de um todo maior cujo significado e amplitude você precisa desvendar para alcançar o *insight* necessário. Você não pode ficar focando uma árvore e esquecer que ela está em uma floresta ou então ficar restrito a uma rua sem perceber que ela está localizada em uma cidade. É preciso visualizar o todo, o conjunto, o sistema, para saber como as partes ou os detalhes estão distribuídos e inter-relacionados. Por outro lado, nossa profissão é muito contingencial e com elevada interdependência de cada situação enfrentada com as demais. Cada organização, cada empresa, cada empreendimento, cada unidade organizacional requer uma ação administrativa apropriada para o tipo de negócio, ramo de atividade, estratégia adotada, mercado, produtos e serviços oferecidos. Assim, a Administração não é um simples conjunto de regras e procedimentos fixos e previamente definidos para todas as possíveis situações, mas uma tarefa de compor, integrar, articular, atualizar e aplicar recursos e competências no sentido de alcançar objetivos e extrair resultados excelentes. Tudo na Administração é contingencial e tudo depende do contexto, da situação, dos problemas enfrentados, da missão organizacional, da visão de futuro e da estratégia da empresa. Tudo na Administração precisa ser devidamente ajustado e alinhado ao que se pretende fazer, tendo em vista a situação interna da organização e do contexto externo que a cerca e envolve. Lá fora estão os insumos, os recursos, os mercados, as facilidades e as oportunidades a serem aproveitadas. São os aspectos facilitadores. Mas lá fora também estão as ameaças, as dificuldades, as coações, as contingências, os concorrentes, as agências reguladoras, as restrições e limitações. Esse é o panorama externo que você vê pelas janelas e vidraças do seu negócio. Muito do que você faz dentro de sua organização só pode ter valor ou validade se houver alinhamento com tudo o que existe fora dela. Nenhuma organização vive apenas por viver, mas para prestar algum serviço relevante à sociedade. Mas isso é pouco. Seus objetivos principais estão sempre localizados fora dela, e nenhuma organização está sozinha no mundo dos negócios. O que você está fazendo em sua organização muitos outros profissionais também estão tentando fazer em outras organizações. Não se esqueça disso. Você não é o único, mas precisa ser o único. Você precisa ser aquele administrador, e não apenas mais um administrador. Saiba dar valor ao seu papel, ao seu trabalho e à sua atividade e, com isso, agregar valor à sua organização. Somente assim ela lhe dará o retorno que você requer. Afinal, é dando que se recebe.

Você foi longamente preparado em sua universidade para administrar. E o que significa, hoje, Administração? Não se trata apenas de planejar, organizar, dirigir e controlar a aplicação de recursos no sentido de alcançar objetivos empresariais. Em geral, o processo administrativo costuma ser o mesmo para todos os níveis organizacionais. A diferença está na sofisticação crescente à medida que se sobe nos níveis hierárquicos da empresa. Contudo, o foco no processo administrativo é o mínimo que se pode fazer em administração; ele é apenas linear. Modernamente, a Administração é muito mais do que isso. Ela ultrapassa de longe esse tradicional ciclo ininterrupto de planejar, organizar, dirigir e controlar. A Administração não é

CARTA 7 – Seja um estrategista, e não um simples operador

somente circular, mas é sobretudo sistêmica: significa juntar competências e recursos esparsos, desenvolvê-los continuamente e agregar valor a eles, alinhá-los com a visão estratégica do negócio, integrá-los e aplicá-los para convergirem como um todo em direção ao alcance de objetivos globais, bem como fazer tudo isso acontecer de maneira simultânea e integrada no sentido de produzir resultados excepcionais.

Você não lida apenas com recursos materiais, como instalações, máquinas, equipamentos, matérias-primas, mas também com dinheiro e investimentos alheios. Você lida com o mercado e nele você deve oferecer vantagens a clientes e impor competitividade aos concorrentes. Quase sempre, a pressão maior é com o retorno do investimento do capital financeiro. Você precisa apresentar resultados financeiros na forma de lucros, dividendos aos acionistas ou reinvestimentos nos negócios. Os proprietários, acionistas e investidores certamente têm expectativas elevadas a respeito do retorno de suas inversões financeiras no negócio, sobretudo no curto prazo. No entanto, você não pode se esquecer do longo prazo e da sustentabilidade do negócio e deve se lembrar sempre de que além do capital financeiro você lida também com o capital intelectual do negócio. É um capital intangível e invisível. E onde está ele? Onde ele se esconde? Em geral, é um capital que tem enorme valor, mas está disperso quase sempre na cabeça das pessoas (capital humano), nos sistemas e valores da organização (capital interno) e no relacionamento com clientes no sentido de oferecer soluções, agregar valor e encantar o consumidor (capital externo). Além disso, não se esqueça de que o capital intelectual está em alta e valendo muito mais do que o capital financeiro de muitas empresas. Contudo, o que um investidor ou acionista faria se seu capital financeiro fosse tratado e aplicado tão mal como é tratado e aplicado o capital intelectual de uma empresa? Na maior parte de nossas empresas, o que se faz com o capital intelectual é de dar arrepios. Ainda existe um tremendo desperdício de talento, de inteligência, de habilidades, de competências e de capital humano em nossas empresas. Por uma razão muito simples: os administradores não podem se restringir a gerir apenas recursos físicos e materiais. Devem se preocupar com ativos intangíveis e saber como transformá-los em riqueza e em resultados. Este é o desafio: transformar a inteligência coletiva em oportunidades e resultados concretos. A empresa organizada é a melhor maneira de juntar inteligências e tentar fazer do conjunto delas um negócio de transformar conhecimento em resultados financeiros.

Para lidar com tudo isso que acabamos de ver, você precisa ser um estrategista, um administrador que trabalha com amplitudes maiores tanto de espaço quanto de tempo. Você precisa cultivar sua visão sistêmica. Ver o todo, aquilo que os alemães chamam de *gestalt*, os norte-americanos, de *insight*, e nós, de intravisão para abordar a empresa como um sistema totalizante e integrado.

É exatamente essa visão sistêmica, ampla, global, holística que diferencia o administrador estrategista do administrador meramente operacional. Um visualiza a empresa como um todo integrado, o segundo apenas vê e enxerga cada operação, cada tarefa, processo ou atividade. O primeiro junta as coisas e as visualiza em conjunto, o segundo as separa para poder trabalhar com cada uma delas isoladamente. O primeiro é um generalista, e o segundo, um especialista. O primeiro dirige esse grande navio que é a empresa e a faz navegar pelos mares. O segundo faz movimentar os motores para impulsionar o navio. Um olha mais para o mar e para o entorno, enquanto o outro está imerso nas máquinas dentro dos porões do navio. Essa é a diferença. Lembra-se dos conceitos básicos da cibernética que tratamos em nossos livros? Pois é. O estrategista está na ponte de comando, na tomada de decisão, e trata do navio como se fosse um imenso sistema de sistemas. O administrador em nível operacional trata apenas de uma das partes de algum desses sistemas. A visão de um é totalmente abrangente, enquanto a do outro é focada em aspectos específicos ou em detalhes. Um tem predominantemente o foco sintético, o outro é predominantemente analítico. Um é estrategista, o outro é operacional. Para você se tornar um estrategista, meu caro jovem, você precisa começar a cultivar e incrementar sua visão sistêmica. Quando olhar um mapa, parta do todo para as partes. Comece por uma visão integral para depois começar a desdobrar em detalhes, se isso for necessário. Faça isso também em sua profissão. Olhe do alto, olhe o todo. Tenha sempre o farol alto aceso para antever as sinuosidades que virão pela frente da longa estrada.

Além disso, para ser um estrategista, tenha um horizonte de tempo estendido pela frente. Pense a longo prazo, sem tirar os pés do chão. Procure sempre pensar nas consequências futuras de suas decisões atuais. Isso significa que, quando você resolver um problema ou situação, pense no que acontecerá em termos de desdobramentos posteriores de sua solução no longo prazo. Pode ser que ela atenderá de imediato, mas poderá custar caro posteriormente. Muitas vezes, uma solução de hoje poderá trazer problemas ou prejuízos na sequência. Resolver um problema hoje para provocar novos problemas adicionais amanhã não é uma boa solução. Ganhar uma batalha nem sempre significa ganhar a guerra. Muitas guerras foram perdidas em uma batalha. Um time de futebol pode marcar vários gols e, mesmo assim, perder a partida. Seja proativo, sempre.

Adm. Idalberto Chiavenato

ACESSE A SALA DE AULA VIRTUAL CHIAVENATO DIGITAL PARA OBTER CONTEÚDOS COMPLEMENTARES E APROFUNDAR AINDA MAIS SEU CONHECIMENTO NO UNIVERSO DA ADMINISTRAÇÃO.

CARTA 8
Ah, a liderança!

Caro jovem administrador,

Desde os idos da década de 1920, Mary Parker Follett e Ordway Tead já batiam firme na necessidade e importância da liderança na condução de uma organização. Naquela época, ambos já viam na liderança a ação administrativa ideal, seja para alinhar a gestão às práticas democráticas dos Estados Unidos, seja para ganhar a adesão das pessoas e seu engajamento no alcance dos objetivos organizacionais. Ao longo de todo esse tempo que nos separa desses dois importantes precursores da moderna Administração surgiu uma enorme variedade de teorias que tentam explicar o fenômeno da liderança. E por que surgiram tantas teorias, tantos livros, tantas diferentes explicações? Por que a proliferação de tantos trabalhos, pesquisas, discussões e abordagens sobre liderança? Isso ocorre porque a liderança é um tema realmente complexo. É que cada teoria, cada livro, cada explicação envolve apenas uma ou mais facetas da liderança e quase sempre omite ou esquece as demais, o que explica a enorme variedade de teorias a respeito. É como se cada autor visitasse um país tão grande como o nosso e tentasse explicá-lo baseando-se somente em algumas poucas cidades por onde passou. A explicação seria excelente para caracterizar essas cidades, mas estaria longe de explicar o enorme país onde elas se situam. O mesmo acontece com as teorias sobre liderança. Trata-se de um tema amplo demais e que envolve muitos fatores inter-relacionados, mas que muitos autores desdobram em quatro partes, com quase sempre apenas algumas delas comuns na maioria das teorias.

A primeira parte se relaciona com a pessoa do líder e suas características de personalidade e de atuação pessoal. Os pontos fortes e fracos do líder são ressaltados a fim de que ele aproveite suas fortalezas e corrija suas fragilidades em trabalhar com pessoas. Essa parte trata do grau de competência do líder para trabalhar com pessoas e com equipes, seu comportamento e atitudes, seu estilo de gestão, seu modelo de tomada de decisão, suas preferências pessoais, sua maneira de se comunicar e motivar as pessoas.

A segunda parte se refere às pessoas da equipe de subordinados e suas características pessoais e de comportamento. Igualmente, os pontos fortes e fracos dos subordinados são destacados para melhor aplicar alguns e alinhar outros, enquanto os pontos fracos são sujeitos a melhorias ou correções. Essa parte trata do grau de capacitação dos liderados, suas atitudes e comportamentos, a coesão social da equipe, as características da equipe como um todo, os relacionamentos e as comunicações entre os membros.

A terceira parte se situa na tarefa a ser realizada pelo líder e seus subordinados. As tarefas são caracterizadas em termos de complexidade ou simplicidade, rotina ou inovação, regularidade ou urgência, e assim por diante. Essa parte trata da atividade a ser realizada, dos processos envolvidos, das metas e objetivos a cumprir e dos cursos de ação escolhidos.

Por fim, a quarta parte se refere ao contexto da situação que envolve o líder, os liderados e a tarefa a ser cumprida. Estamos nos referindo ao contexto organizacional e à área de negócios ou nível hierárquico em que a liderança ocorre. Cada empresa oferece uma situação diferente em função de sua estrutura organizacional e de sua cultura corporativa. Cada empresa é uma empresa diferente. Além disso, a situação pode ser perfeitamente clara e definida ou ambígua e indefinida, e depende da maneira como ela é interpretada pelo líder e pelos subordinados.

Você até poderia imaginar que estamos frente a 16 possíveis combinações desses quatro elementos. Errado! A rigor, são quatro variáveis, cada qual com uma enorme amplitude de variação. Assim, suas combinações são infinitas. Daí a complexidade do tema e a imensa variedade de tentativas de explicações a respeito da liderança.

Todas as teorias sobre liderança até agora explicitadas não estão erradas. O pior é que elas estão certas, porém incompletas, e não é nesta carta que eu pretendo completá-las. Não tenho essa pretensão absurda, mas apenas gostaria de contribuir para que você se saia bem nessa empreitada.

Quero lembrá-lo de que, durante muitas décadas, o administrador foi preparado, formado e treinado para ser um gerente ou supervisor, dependendo do seu nível de atuação na organização. A expectativa era torná-lo o chefe, o *boss*, o mandachuva, o capataz. E sua plataforma era a posição hierárquica ocupada e a autoridade formal dela decorrente. Isso valeu por muito tempo enquanto as pessoas eram consideradas fornecedoras de mão de obra ou subordinados que ocupavam cargos rotineiros mediante uma relação empregatícia. Em muitas empresas, ainda prevalece essa situação. Nelas há uma relação de mando e comando *versus* subordinação e submissão. De um lado, um sujeito ativo que administra *versus* um sujeito passivo que executa, de outro. Um impõe uma ordem enquanto o outro simplesmente a obedece. Só que há algum tempo se descobriu o óbvio: nesse clima de relacionamento estático, as pessoas se tornam totalmente passivas, submissas, dependentes, desengajadas e alienadas daquilo que fazem. A iniciativa e a responsabilidade pessoal "vão para o espaço". As pessoas se tornam verdadeiros recursos, transformando-se em custos, problemas e não agregam valor ao que fazem, apenas executam tarefas de maneira mecânica, monótona e repetitiva. Em um mundo de negócios cada vez mais mutável, dinâmico e competitivo, isso passou a ser a rota definitiva e obrigatória para a falência do negócio. Como corrigir essa situação?

A solução encontrada foi mudar totalmente o estilo de gestão. Para tanto, o gerente e o supervisor – cada qual em seu nível de atuação – deveriam deixar de ser controladores e passar a ser líderes – não mais assentados em suas posições hierárquicas –, mas em suas qualificações pessoais, com base em seu conhecimento e sua competência em liderança. Um novo estilo de liderança passou a ser a solução. Ela não é inata, ninguém nasce líder e ela pode ser aprendida, exercitada e desenvolvida na prática corrente. Muitos executivos estão se submetendo a sessões de *coaching* com *personal trainers* para melhorar suas competências e desempenho em liderança. Por acaso, você se lembra de quantas horas foi seu treinamento em liderança em seu curso de Administração? Você já passou por uma oficina de liderança para melhorar seu desempenho nesse aspecto? Para muitos de nossos colegas, meu caro e jovem administrador, a liderança foi o tema de apenas uma simples leitura de um capítulo do programa de ensino de Administração; ou seja, só uma leitura e algumas poucas discussões, envolvendo apenas algumas páginas de um livro a respeito do assunto, além, claro, de algumas perguntas na prova final. Pouco? Quase nada! O insuficiente para poder municiá-lo das armas e ferramentas necessárias para você trabalhar com sua equipe. Liderança é comportamento, é ação dinâmica, e não simplesmente teoria abstrata ou aspectos a serem memorizados ou decorados. A teoria lhe dá os fundamentos básicos, mas é o exercício e a prática que dá o tom final, bem como o exemplo de muitos líderes bem-sucedidos.

Hoje em dia, liderança é a marca registrada do bom administrador. Eis a questão fundamental. Sem ela você perde boa parte de seu valor administrativo. Se você trabalhar no nível operacional, certamente deverá liderar uma equipe de pessoas que executam trabalhos. Se for no nível intermediário ou tático, com certeza você terá uma equipe de supervisores para cuidar. Se for no nível estratégico ou institucional, uma equipe de gerentes pedirá sua ajuda. Liderança será essencial para você cuidar de equipes, seja de colaboradores, supervisores ou gerentes. Se você chegar à presidência, certamente terá uma equipe de diretores ao seu lado. Ou melhor, à sua frente, para você poder orientar, incentivar, estimular, impulsionar. Será o máximo em termos de carreira, e isso deverá fazer parte de seus objetivos profissionais. A liderança compreende habilidades humanas que você precisa desenvolver. Ninguém nasce líder, mas obviamente o cultivo de certas qualidades e habilidades pessoais é importante para chegar lá. Em geral, nas universidades se ensinam conceitos e teorias – habilidades conceituais –, além de técnicas e modelos – habilidades técnicas. As habilidades humanas ou, melhor dizendo, as habilidades comportamentais costumam ficar apenas na explicação, e não na experimentação prática. Quantas horas você teve de exercícios de liderança em sua escola? Quantas horas foram dedicadas ao exercício de comunicação e de motivação? Se você não teve a oportunidade de exercitar e treinar sua liderança e motivação, está na hora de fazê-lo. Experimente em casa, no quarto, no escritório, com amigos, com a namorada ou mesmo com sua equipe de trabalho. Faça isso. Peça ajuda e sua equipe certamente o ajudará se você souber conquistá-la e mostrar suas reais intenções. Além disso, poderá aprender muito com isso. Ou então procure um mentor em sua empresa e convença-o a ajudá-lo a desenvolver seu estilo de liderança. O *mentoring* está em voga na maioria das empresas bem-sucedidas.

Procure exercitar sua liderança primeiramente no nível operacional. O que faz um líder que atua nesse nível? Ele cuida de equipes de colaboradores, ou seja, pessoas que executam tarefas não administrativas. São pessoas dedicadas a atividades rotineiras, cotidianas e focadas em metas de curtíssimo prazo. Boa parte de sua liderança será informal e carregada de interações contínuas e duradouras com as pessoas, a chamada liderança interativa e de relacionamento. O contato com as pessoas será mais intenso e a proximidade física e psicológica tanto maior. Os assuntos estarão quase sempre relacionados com o cotidiano das tarefas e atividades que se repetem e que devem ser gradativamente melhoradas por meio de planos operacionais. Conduzir a equipe a fim de que a atividade cotidiana seja executada de maneira excelente pelos seus subordinados para que possam alcançar metas operacionais de curto prazo. Esse é o nível mais básico de liderança.

O nível seguinte é a liderança no nível intermediário ou tático da organização. Aqui você trabalha como gerente, executivo ou responsável por uma unidade organizacional – como uma divisão ou departamento – ou unidade estratégica de negócios. Aqui você lida com uma equipe de subordinados que são os supervisores que atuam no nível operacional. Sua tarefa básica é coordenar a atuação deles para que seu departamento ou unidade organizacional alcance a integração e a coesão necessárias para o alcance de objetivos táticos de médio prazo. Você precisa entregar resultados para seu superior. Seus subordinados trabalham com equipes focadas em metas de curtíssimo prazo e você precisa saber compatibilizá-las para que os objetivos de médio prazo sob sua responsabilidade sejam plenamente alcançados. No entanto, seu foco estará em resultados de médio prazo que sua unidade deverá entregar à organização. A proximidade física e psicológica com sua equipe de supervisores certamente não será tão intensa e se baseará em contatos por meio de reuniões, *e-mails*, telefonemas, conversas e trocas de ideias, tomada de decisões mais estendida no tempo. Os assuntos predominantes serão mais amplos em envolver coordenação e conjugação de esforços das equipes dos supervisores. Tais assuntos dizem respeito a, necessariamente, planejamento tático, desenvolvimento de novos produtos ou serviços, melhoria de métodos e processos, qualidade, produtividade, inovação, excelência. A articulação interna é o tema mais importante. Essa é a liderança integradora, e não apenas interativa e de relacionamento. É a liderança tática.

Em um nível mais alto, no nível estratégico, a liderança assume outras proporções e sua amplitude se torna maior. Aqui, você trabalha como diretor ou dirigente. Você presta contas aos proprietários ou acionistas da organização e deve oferecer resultados globais, e não apenas departamentais. Seus subordinados compõem uma equipe de gerentes ou executivos, todos eles preocupados com objetivos táticos. Além disso, você precisa juntá-los, estendê-los e transformá-los em objetivos estratégicos, embora, na verdade, os objetivos estratégicos é que são desdobrados em objetivos táticos e cada qual destes se desdobra em vários objetivos operacionais. E qual o estilo de liderança a utilizar? Aqui, a liderança interativa e de relacionamento, bem como a liderança integradora e tática precisa ser ampliada e aprofundada. Sua liderança nesse nível organizacional passa a ser estratégica e missionária. Os assuntos predominantes são amplos, genéricos e globais para alcançar sinergia dentro de toda a organização e focar o mercado, o cliente, os concorrentes, os fornecedores e as agências reguladoras. Trata-se de envolver todo o comportamento organizacional para gerar valor, produzir riqueza e entregar resultados.

Em todos os níveis organizacionais, você precisa saber como inspirar confiança nas pessoas envolvidas e fazê-las acreditar em você e no futuro por meio de sua liderança. Para tanto, você precisa demonstrar paixão por resultados e insistir em transformar a atividade das pessoas envolvidas em resultados concretos e saber festejá-los quando devidamente alcançados. Para tanto, você necessita preparar e treinar as pessoas para que focalizem seu trabalho como um meio – e não como um fim – para alcançar resultados excelentes. Defina claramente o que você espera das pessoas e das equipes, mostre suas expectativas, engaje e inspire as pessoas em suas atividades, ligue seus valores e necessidades pessoais aos valores da organização. Você precisa também demonstrar integridade, isenção de ânimo e objetividade para que as pessoas acreditem em você e em sua orientação como líder. Cultive valores de sua organização – como a ética, a responsabilidade social, o respeito às pessoas, o foco no cliente, a ênfase em resultados, a inovação contínua – e busque o compromisso das pessoas com relação a eles. Ande sempre pelas salas ou locais de trabalho dos subordinados para contato com eles. Esteja sempre aberto, disponível ou próximo de seus subordinados. Tenha seus ouvidos bem abertos, saiba ouvir, deixe as pessoas se abrirem com você. Troque sempre ideias com elas, peça suas opiniões, receba retroação (*feedback*) delas e dê-lhes retroação constante sobre seu desempenho. Reconheça e recompense imediatamente o desempenho excelente ou as boas ideias e sugestões. Faça com que o dono da ideia seja o escolhido para fazê-la funcionar, acompanhe seu ritmo, dê-lhe o impulso necessário e não o deixe desanimar. Procure articular a visão de futuro da sua organização com suas equipes e demonstre sempre otimismo, mesmo em situações críticas. Além disso, você precisa se preparar para ter coragem de tomar decisões, principalmente em situações de ambiguidade e de pouca clareza. Há momentos em que o líder precisa deixar de julgar e de avaliar para dar espaço à sua intuição e à sua visão pessoal da situação enfrentada. Como você vê, liderança envolve tudo isso e muito mais. Liderança não é só a reunião de alguns traços de personalidade nem a soma de alguns aspectos tomados isoladamente. É uma complexa constelação de fatores em que tudo importa e tudo vale a pena. Ela não é uma simples soma de atributos, mas o resultado de uma complicada conjunção deles em que o todo costuma ser uma multiplicação desses mesmos atributos.

Assim, o passo inicial é você definir certos imperativos para compor seu estilo de liderança e adequá-lo às suas próprias características pessoais, à sua equipe de liderados, à tarefa a ser realizada e à situação em que você está envolvido em sua empresa.

- **Seleção da equipe**: refere-se à escolha dos componentes de sua equipe. O líder precisa ter um faro sensível para saber identificar, avaliar e selecionar os melhores talentos, dentro ou fora da organização, para compor sua equipe. Para tanto, você precisa saber entrevistar candidatos, avaliar suas características e competências, ponderar seu valor com relação aos demais e escolher o mais adequado. O líder excelente é aquele que reúne em sua equipe talentos melhores do que ele.
- **Treinamento da equipe**: o principal papel do líder é treinar, formar, desenvolver, capacitar sua equipe de maneira continuada e constante. Ele precisa azeitar continuamente a equipe para criar conhecimento, habilidades, atitudes e competências e torná-la uma equipe de elevado desempenho.
- **Modelagem do trabalho**: o líder precisa distribuir o trabalho da equipe entre todos os seus participantes. Na verdade, transformar o trabalho

individual e isolado em uma atividade conjunta, social e de responsabilidade compartilhada entre todos. Fazer com que a equipe seja um por todos e todos por um, com muita colaboração, cooperação, camaradagem, confiança e respeito.

- **Alinhamento da equipe**: fazer com que o objetivo global da equipe esteja acima dos objetivos individuais dos seus membros. A equipe deve definir juntamente com o líder as metas provisórias e os objetivos consensuais pretendidos para que todos trabalhem com foco neles. O líder deve ajudar, dar apoio e respaldo, acompanhando continuamente o progresso da equipe com relação ao alcance dos objetivos pretendidos. O trabalho do líder é feito por meio das pessoas que ele lidera. A habilidade para conduzir em direção ao sucesso e para a melhoria contínua é crítica para alcançar os resultados da equipe.

- **Alavancagem do desempenho da equipe**: consiste em impulsionar o desempenho das pessoas e da equipe como um todo. Como o líder é responsável por apresentar resultados por meio de seu trabalho e o de sua equipe, ele precisa definir expectativas a serem alcançadas e ajudar os subordinados a alcançar objetivos e buscar resultados. O líder deve estabelecer parcerias dentro de sua equipe para poder alcançar um time de trabalho de alto desempenho pelo cruzamento de atividades entre seus componentes.

- **Recompensas à equipe**: fazer com que o alcance de objetivos seja acompanhado imediatamente de recompensas proporcionais à participação dos membros da equipe, seja financeiramente ou socialmente por meio de comemorações, reuniões etc. Todo gol é festejado por todos, e isso serve de reforço (*feedback* positivo) para novas vitórias. Objetivos organizacionais e objetivos individuais e coletivos precisam ser paralelamente alcançados.

- *Feedback* **em tempo real**: o líder deve continuamente proporcionar retroação imediata e constante à sua equipe e ajudar e incentivar seu desempenho e o progresso com relação aos objetivos pretendidos, bem como o desempenho individual de cada participante. Essa retroação positiva e incentivadora deve ser circular e feita em 360°, em que todos os participantes devem dar sua opinião a respeito.

- **Comunicação e motivação:** o líder deve influenciar sua equipe. Isso envolve comunicação, comunicação, comunicação. Também deve incentivar sua equipe, e isso envolve motivação, motivação, motivação. Além disso, deve inspirar lealdade e confiança nas pessoas. O líder precisa saber reter pessoas talentosas, e a satisfação delas é a chave para essa retenção. O líder deve criar um ambiente de trabalho onde as pessoas possam maximizar seus talentos e desempenhar acima das expectativas.

- **Empoderamento (*empowerment*) da equipe:** o líder deve proporcionar o *empowerment* de sua equipe, dando a ela toda a liberdade, autonomia, poder, engajamento, colaboração, confiabilidade, compromisso e até mesmo decisões a serem tomadas por ela. Na verdade, o líder deve funcionar como um verdadeiro facilitador, orientador e empoderador da equipe.

Ademais, nunca se esqueça de que cada nível organizacional impõe certas características de liderança que você precisa desenvolver para que sua carreira seja bem-sucedida. Para chegar ao topo e chegar a ser o executivo principal de uma organização você precisa compreender os vários papéis que o líder pode desempenhar, o que o ajudará a se preparar ao longo de sua vida profissional para que chegue lá. Alguns autores mais recentes têm se preocupado com os vários e diferentes papéis da liderança moderna. O líder pode assumir um ou vários papéis em sua organização dependendo das circunstâncias e oportunidades pela frente:

1. O líder pode assumir um papel de estrategista quando desenvolve um curso de ação de longo prazo ou um conjunto de objetivos para se alinhar com a visão de futuro de sua organização como um todo.
2. Contudo, também pode assumir o papel de navegador quando consegue translatar a estratégia da empresa em ação e resultados, esclarecendo

e comunicando objetivos e prioridades de maneira a energizar pessoas para movê-las rumo à mesma direção. O papel de navegador busca assegurar sinergias entre pessoas, processos e estratégias.

3. Em terceiro lugar, o líder pode assumir o papel de empreendedor, no sentido de identificar e explorar oportunidades para novos produtos, serviços e mercados.

4. O quarto papel é o de mobilizador que proativamente constrói e alinha competências e recursos para fazer com que as coisas aconteçam prontamente a fim de atingir objetivos complexos.

5. Em quinto lugar, o papel de advogado de talentos, no sentido de atrair, desenvolver e reter talentos para assegurar que as pessoas tenham todas as competências e motivações adequadas para suprir as necessidades do negócio, no lugar certo e no tempo correto.

6. O sexto papel é o de cativador, isto é, o líder que alimenta paixão e compromisso com relação a objetivos comuns por meio de uma base de confiança recíproca com a equipe.

7. O sétimo papel é do pensador global, o líder que busca e integra informação de todas as fontes possíveis para desenvolver uma perspectiva diversificada e bem informada que pode ser utilizada para otimizar o desempenho organizacional. O pensador global toma decisões baseadas no conhecimento do negócio e das variáveis ambientais do ponto de vista econômico, político, tecnológico e social.

8. O líder pode também assumir o papel de impulsionador de mudanças quando cria um ambiente que favorece a mudança, ajuda as pessoas a aceitar novas ideias e faz a mudança acontecer.

9. No entanto, o líder pode assumir o papel de servidor quando serve de apoio e suporte à equipe, oferecendo a plataforma e a infraestrutura para que ela possa alavancar seus resultados. O líder funciona como um meio para dar à equipe sua base de sustentação. Quem aparece é a equipe, e não o líder.

10. Por fim, o décimo papel da liderança é o do líder guardião da empresa que assegura a entrega de valor a todos os *stakeholders* e, especificamente, aos acionistas do negócio, por meio de decisões inteligentes e corajosas que ajudam a organização como um todo ou que impulsionam sua unidade organizacional.

Complicado? Quase sempre. Isso serve para mostrar que o líder pode oferecer várias facetas de acordo com os requisitos de cada membro da equipe, com a tarefa ou com a situação. Esse é o leque de opções de liderança à sua disposição. O importante é que o líder saiba utilizar cada uma dessas facetas em função das circunstâncias que enfrenta.

É isso aí, meu caro jovem administrador. A liderança tem contornos variados e feições complexas. Espero que com esses exemplos e reflexões você tenha meios para identificar, explorar, localizar, interpretar e adotar alguns dos papéis de liderança que estão à sua inteira disposição. É só começar e, tenha a certeza, você não irá parar. É uma longa e contínua trajetória de aprendizado e de desenvolvimento pessoal. Boa sorte nesta extensa caminhada que é a pesquisa, busca, adoção e melhoria de seu estilo de liderança. Esta será sua marca registrada, o selo com que marcará suas conquistas.

Adm. Idalberto Chiavenato

ACESSE A SALA DE AULA VIRTUAL CHIAVENATO DIGITAL PARA OBTER CONTEÚDOS COMPLEMENTARES E APROFUNDAR AINDA MAIS SEU CONHECIMENTO NO UNIVERSO DA ADMINISTRAÇÃO.

CARTA 9
Por que me encantou a Administração?

Caro jovem administrador,

Você me escreveu há pouco perguntando como consegui publicar tantos livros. Escrevi 48 livros ao longo de minha vida, dos quais 36 estão sendo carinhosamente projetados e redesenhados sobre temas como Administração, Recursos Humanos, Gestão de Pessoas, Comportamento Organizacional, Estratégia Empresarial, Empreendedorismo, entre outros. Dezessete deles estão traduzidos para a língua espanhola e são amplamente utilizados nas universidades latino-americanas, de Portugal e países de língua portuguesa, Espanha e alguns estados americanos. Foi uma torrente enorme de ideias, conceitos e modelos que consegui colocar no papel. Primeiro, na máquina de escrever e, depois, no computador e no *tablet*. E como tudo isso foi possível? Felizmente, servi-me de várias fontes de produção: trabalhei com Psicologia Ocupacional, com Educação, fui executivo de alto nível em empresas, professor em várias universidades no Brasil e no exterior – inclusive na Escola de Administração de Empresas da Fundação Getulio Vargas (EAESP/FGV), em São Paulo, onde permaneci durante mais de sete anos – fui diretor de faculdades, fui consultor interno de um grupo de empresas e consultor externo por meio de uma empresa de consultoria em assuntos organizacionais, na qual passei pela experiência de empreendedor. Atualmente, presido um instituto que leva meu nome. Tudo isso e mais as variações ao redor do conjunto dessas especialidades me proporcionaram um *insight* riquíssimo de experiências e vivências. Além disso, sempre fui um leitor feroz e aplicado. Por essa razão, sempre tive uma excelente biblioteca que funciona como um banco de dados e um poderoso sistema de informação sempre disponível. Também sempre tive razoável facilidade de escrita e de comunicação. Tudo isso junto me deu inspiração, ideias e conceitos que consegui traduzir e translatar para o papel. Você também precisa construir sua biblioteca pessoal. Não confie apenas em sua memória ou em sua capacidade de armazenar informações e conceitos, mas aproveite a ajuda dos livros. Ao longo dos anos de universidade, muita coisa cairá no esquecimento e você não terá acesso a boa parte daquilo que aprendeu. É preciso ter um sistema de informação disponível para todas as horas, e com acesso fácil.

Como já lhe escrevi, minha vida passou fluentemente por música, Filosofia, Educação, Psicologia, Direito e Administração, com momentos de experiência executiva, de consultoria tanto interna quanto externa e de docência universitária. Foi uma sequência natural, espontânea e não prevista antecipadamente nem sequer planejada, mas que me deu uma ampla visão multidisciplinar da realidade e, principalmente, do mundo dos negócios. Na verdade, eu nunca tinha pensado em chegar a ser um escritor, nem mesmo um professor. Tudo isso veio em uma avalanche de circunstâncias inesperadas que me envolveram ao longo de minha vida.

E por que me encantou tanto a Administração? Por uma razão muito simples. Já lhe escrevi sobre o surgimento recente da Administração como ciência. Ela tem pouco mais de um século de idade. É pouquíssimo tempo, mas a Administração já mostrou sua garra e valentia. Ela está ganhando cada vez mais foros de universalidade, de ciência universal, ou melhor, de uma ciência das ciências. Sua característica básica: ela faz acontecer. É a ciência focada em resultados. O que vale não é apenas o desempenho, a boa vontade ou o esforço concentrado em algo. Tudo isso é importante, mas o mais importante é o resultado concreto alcançado. No fundo, Administração é a ciência, a técnica e a arte de entregar resultados excelentes por meio da aglutinação de recursos e competências. Na verdade, todo mundo precisa de Administração. A dona de casa precisa dela para suas atividades cotidianas.

CARTA 9 - Por que me encantou a Administração? 91

O contador precisa dela para conduzir sua empresa de consultoria contábil ou de auditoria. O engenheiro precisa dela para levar adiante sua empresa de criação de projetos e execução de construções. O médico precisa dela para tocar sua clínica médica ou hospital – uma organização administrada – para cuidar da saúde das pessoas. A Administração é fundamental em toda atividade humana organizada. Ela é a chave para a busca da excelência, da criação de valor e riqueza e da oferta de resultados. E todas as ciências estão se servindo dela para fazer com que seus descobrimentos, invenções e descobertas possam ser transformados rapidamente em soluções para a humanidade por meio de produtos, serviços, energia, entretenimento, informação etc.

Contudo, a Administração depende de organizações para poder ser aplicada em toda a sua extensão, enquanto as organizações dependem da Administração para alcançarem sucesso e êxito. Quase sempre, as pessoas acreditam que as maiores invenções do ser humano são certos artefatos físicos como o foguete espacial, o computador, o avião a jato, o telefone celular, a TV digital, a fotografia digital, os *tablets* ou coisas assim que alimentam a admiração e a empolgação geral. Mas, pensando bem, todas essas invenções são apenas e tão somente consequências ou decorrências de uma invenção muito maior. Elas são inventadas, criadas, projetadas, construídas, produzidas e disponibilizadas por organizações. São as organizações as criadoras de quase todas as invenções úteis e necessárias à sociedade. Assim, a maior e mais sofisticada invenção humana é a organização administrada, e não o que ela é capaz de produzir. E é a Administração o elemento gerador da excelência e o motor do sucesso das organizações. A Administração está na raiz do espetacular salto de prosperidade e da incrível melhoria da qualidade de vida que aconteceu no século 20 e que está se agigantando agora nos países bem administrados. A organização é a base, o fundamento, a plataforma sobre a qual a Administração funciona e alcança a excelência e proporciona resultados incríveis.

Assim, como administrador, você pode administrar uma equipe, um projeto, uma unidade organizacional, uma organização – como uma fábrica, um *shopping center*, um banco, uma loja comercial, um hospital, uma universidade, uma repartição pública ou um município, um estado federativo ou até mesmo uma nação. Em todo e qualquer caso, você precisa, enquanto administrador, reunir todos os recursos e competências imprescindíveis para produzir resultados compensadores.

Assim, meu caro, se você quer ser bem-sucedido na tarefa de administrar, você precisa ter alvos em mente, as metas, os objetivos ou resultados a alcançar. Não se esqueça disso. A Administração deve funcionar como um meio para chegar lá, mas os meios não justificam os fins. Você precisa ser ético, honesto e confiável. A equifinalidade – que significa que os fins podem ser alcançados por vários e diferentes meios – é muito importante nesse aspecto. Você pode ter várias alternativas pela frente para alcançar determinados objetivos, mas procure sempre os meios mais éticos e transparentes para chegar aos fins que você deseja alcançar. A Administração deve ser uma maneira elegante, bonita e sensata de proporcionar resultados sem criar transtornos para ninguém ou penalizar quem não merece. Esqueça o velho estilo de ganhar-perder e alimente sempre o estilo ganhar-ganhar. Faça com que todos saiam ganhando com sua atuação. A Administração deve ser um livro claro, bonito, singelo, elegante e agradável de folhear e de ler. Por essa razão, a Administração, além de ser considerada uma ciência, é uma técnica, pois envolve uma variedade de tecnologias de gestão com modelos, sistemas e ferramentas. Contudo, ela também deve ser considerada uma arte. E aqui você poderá ser o artífice que dá forma às coisas, o artesão que encanta a vida das pessoas, o artista que consegue juntar aspectos dispersos, construir o sucesso e oferecer resultados concretos à sociedade. Portanto, faça com paixão de artista.

Assim, o primeiro passo é melhorar e desenvolver sua capacidade de diagnóstico das situações, contingências, coações, oportunidades ou ameaças a serem enfrentadas. Como já vimos lá na Carta 3, você precisa enxergar aquilo que nem todas as pessoas podem perceber. Faro, visão, argúcia, olhar penetrante, antevisão das coisas são fundamentais para você perceber o entorno.

CARTA 9 – Por que me encantou a Administração?

Isso significa sensibilidade situacional, ou como dizia Olavo Bilac, um dos nosso maiores poetas brasileiros: só um poeta pode ouvir e entender as estrelas. Ninguém mais, afirmava ele, porque sabia que somente um espírito altamente sensível e extraordinário poderia ver nas estrelas o que um mortal comum jamais enxergaria. Porém, em nossa profissão, um olhar a distância pode mostrar aspectos que a proximidade geralmente oculta. Em 1955, o então magnata do petróleo, Paul Getty já dizia enfaticamente: olhem para a eletrônica, lá é que está o futuro do mundo. Quem diria! Isso é visão proativa e antecipatória. Você até pode errar ao fazer cenários que não acontecerão, porém errará muito mais se não os fizer. Tenha sempre um plano B ou C no bolso. Se o plano A falhar, você não será pego "de calças na mão" nem terá de improvisar reações ou manobras improvisadas de última hora. Esteja sempre plugado com relação ao futuro, pois é lá que você chegará ao seu sucesso profissional. Seja proativo: não deixe que o futuro aconteça sem que você esteja preparado de alguma maneira para ele.

Se você conseguir incrementar suas habilidades de diagnóstico, o passo seguinte é desenvolver sua flexibilidade de estilo, ou seja, um estilo apropriado para cada situação enfrentada. Deixe de lado a rigidez e aproveite para melhorar seu jogo de cintura. A riqueza de variedade de suas ações e reações, de seus comportamentos e atitudes e de suas decisões, tudo isso é percebido, interpretado e avaliado por todos aqueles que estão a seu redor: superiores, subordinados, pares, clientes, fornecedores, concorrentes etc.

Assim, tomo a liberdade de lhe dar alguns conselhos sobre sua carreira. Em primeiro lugar, tenha sempre em mente um objetivo global: trace um plano de carreira de longo prazo para definir o que você pretende ser na sua vida profissional e no seu futuro. Defina um propósito firme e não se afaste dele, apesar de todas as circunstâncias que possam vir a dificultá-lo. Desenvolva sua resiliência: a capacidade de se preparar para enfrentar dificuldades extremas, recuperar-se rapidamente de choques e se adaptar novamente para crescer após experiências traumáticas, evitando possíveis frustrações. Isso acontece quando se cai, tira a poeira, levanta e dá a volta por cima.

Em segundo lugar, busque o autoconhecimento para saber quais são seus pontos fortes a serem aproveitados intensivamente e seus pontos fracos a serem corrigidos ou eliminados, ou seja, aquilo que você sabe fazer bem e o que precisa aprender para ser melhor. Passe bons momentos consigo mesmo, fazendo reflexões e buscando caminhos alternativos. Acredite em si mesmo e em sua capacidade. Em terceiro lugar, nunca deixe de aprender e estudar em todos os momentos possíveis. Invista pesadamente em si mesmo e no seu capital intelectual. Nunca despreze um livro, um congresso, uma oportunidade de aumentar suas competências e conhecimentos. Aproveite todo o tempo para crescer profissionalmente. Essa é sua responsabilidade cultural.

Portanto, seja bem-sucedido no mundo da Administração. Nesse mundo, nós conduzimos organizações ou parte delas no sentido de melhorá-las, renová-las e mantê-las sempre viáveis, competitivas e sustentáveis. Perceba que administrar não é apenas lidar com processos ou simplesmente planejar, organizar, dirigir e controlar. É muito mais do que isso; é transformar organizações em entidades respeitadas e admiradas pelos produtos e serviços que oferecem à sociedade e pelo gradativo aumento do bem-estar da sociedade. Essa é a nossa responsabilidade social.

Entretanto, saiba, meu caro, você nunca estará sozinho. Toda a comunidade de administradores de nosso país dispõe de uma entidade de classe que nos serve de plataforma para garantir nossos interesses e proteger nossos direitos. Estou me referindo ao Conselho Federal de Administração (CFA) e seus respectivos Conselhos Regionais de Administração (CRA) espalhados por todos os estados do país, que foram criados em 1975 para originalmente regular e fiscalizar nossa profissão. Passados 50 anos de sua criação, hoje a nossa entidade maior – da qual já tive a honra de fazer parte como conselheiro federal – reúne vários integrantes famosos em Grupos de Excelência para discutir a respeito de temas atuais de nossa área e proporcionar *insights* extremamente interessantes que podem incrementar sua carreira profissional. Veja o portal (www.cfa.org.br), página do Facebook (facebook.com/cfaadm) ou, ainda, o perfil no Instagram (instagram.com/cfaadm) para acessar a

Revista Brasileira de Administração (RBA), do CFA, ou a *Revista ADM Pro,* do Conselho Regional de Administração de São Paulo, pelas quais sou responsável. O primeiro passo que você deve dar é inscrever-se em seu respectivo conselho regional para efetivamente exercer nossa profissão regulamentada em lei. Essa será sua primeira obrigação profissional.

Assim, meu jovem administrador, quero me despedir de você dizendo-lhe que a profissão que você escolheu é minha segunda paixão pessoal. Eu vivo, respiro e me alimento de Administração. Ela está nos meus poros, no meu sangue e nas minhas veias, já que a primeira paixão que tenho você já conhece, pelo menos de nome. É Rita. Simplesmente Rita. Minha esposa, companheira, parceira, inspiradora, impulsionadora e tudo o mais. Ela me provê de amor, afeto, segurança íntima, apoio, energia, vibração, calor, cuidados e muito mais. Trabalho eminentemente social e vida íntima particular são meus dois tesouros que me tornam extremamente feliz e bem-sucedido. Juntando ambos, certamente você também encontrará sua felicidade e a certeza de viver uma vida bem vivida e que está valendo a pena.

Que seu trabalho, meu caro, traga êxito e sustentabilidade para você, para sua organização, para a sociedade e para nosso país, bem como para a melhoria da qualidade de vida das pessoas. Precisamos disso – e urgentemente. Boa sorte e muito sucesso profissional. Escreva-me novamente quando você chegar lá no alto! Fico aguardando esse precioso momento para cumprimentá-lo com a maior satisfação do mundo.

Adm. Idalberto Chiavenato

Conselhos finais ao jovem administrador:

1. **Tenha sempre um plano em mente.** Gestão não é só o atual, o presente, mas principalmente o futuro que se deseja.
2. **Fixe objetivos que sejam ambiciosos.** Não deixe por menos. Comece com força e incremente gradativamente até chegar lá.
3. **Parcele seus objetivos em metas periódicas.** Fica mais fácil para alcançá-los, e você pode festejá-las mais.
4. **Marque gols e comemore-os.** Ponha emoção em sua vida profissional.
5. **Interligue objetivos.** Uma andorinha só não faz verão.
6. **Defina que tipo de administrador você pretende ser.** Presidente? Diretor? Gerente? Supervisor? Gerente/líder/empreendedor/organizador?
7. **Em que área você quer crescer?** Em finanças, marketing, produção/operações/logística, tecnologia ou Recursos Humanos (RH)?
8. **Incremente continuamente suas competências.** É por meio delas que você vencerá. Alinhe-as continuamente com as competências essenciais de sua organização.
9. **Não basta somar.** Isso é relativamente fácil; é preciso obter sinergia para multiplicar. A aritmética organizacional deve ser do tipo: $2 + 2 = 5$ ou mais.
10. **Seja imprescindível.** Esteja sempre disponível, assim todos precisarão de você e você será sempre visível.
11. **Pense grande.** Pense no todo, e não apenas em cada uma das partes. O arranjo é mais importante e guarda características diferentes das partes componentes.
12. **Lembre-se sempre: gestão é resultado.** Gestão não é apenas esforço, desempenho, boa vontade e sacrifício. Pense sempre em agregar e entregar valor. Isso é o que realmente vale: o que você entrega.